Curso

La diferencia entre aprobar
y sacar plaza

Auxiliar de cocina

COMUNIDAD AUTÓNOMA DE GALICIA

Si aún no dispones de tu **Curso MAD360**, te ofrecemos un acceso GRATIS de 30 días para que disfrutes de los siguientes recursos:

AF173897

- Técnicas de Memoria 360.
- MADTEST: Test *online* Nivel PRO.
- Temario en formato digital.
- Planificación de estudio.
- Foro entre opositores hasta la fecha del examen.
- Recursos y novedades exclusivas.
- Consúltanos sobre tu oposición y proceso selectivo.
- Actualizaciones legislativas (Boletines Oficiales) hasta 60 días antes de la fecha del examen.*

Para acceder a esta prueba del Curso MAD360** será necesaria la compra de todos los libros para esta especialidad de la edición 2025.

Regístrate en **mad.es/iniciar-sesion** y en la pestaña MIS CURSOS valida los códigos que encuentras en la última página de tus libros.

NOTA IMPORTANTE:

* Examen de esta categoría profesional correspondiente a la convocatoria publicada en el DOG n.º 123, de 30 de junio de 2025, o hasta el 31 de agosto de 2026, lo que se cumpla antes, y previa renovación del servicio.

** El acceso al CURSO MAD360 estará disponible desde agosto de 2025 (algunos recursos podrían estar disponibles en fecha posterior). Tendrá una duración de 30 días RENOVABLES mediante pago, desde la validación de códigos, o hasta el 28 de febrero de 2027, lo que se cumpla antes.

MAD se reserva el derecho a ampliar dichas fechas.

Auxiliar de cocina de la Comunidad Autónoma de Galicia

Septiembre, 2025

Auxiliar de cocina de la Comunidad Autónoma de Galicia

Test del temario

Autores

ANA MARÍA SERRANO BÁRCENA
Licenciada en Biología

MARTA GONZÁLEZ CABALLERO
Diplomada en dietética y nutrición humana
Formadora ocupacional

FRANCISCO JESÚS TORRES FONSECA
Licenciado en Derecho

JOSEFA GUILLERMA GANCEDO CONS
Licenciada en Derecho
Jefa de Servicio de Gestión y Planificación en la Xunta de Galicia

© 7 Editores Recursos para la Cualificación Profesional y el Empleo, S.L. (7 Editores)
© Los autores
Primera edición, septiembre 2025 (316 páginas)
Derechos de edición reservados a favor de 7 Editores
IMPRESO EN ESPAÑA
Diseño Portada: 7 Editores
Edita: 7 Editores
Avda. San Francisco Javier, 9 · Edificio Sevilla 2 · Planta 11 · Módulos 25-27 · 41018 Sevilla
Teléfono: 954 784 411 · WEB: www.mad.es · e-mail: administracion@7editores.com
ISBN: 978-84-142-9896-1
© "Editorial Mad" y "Eduforma" son nombres comerciales registrados de
7 Editores Recursos para la Cualificación Profesional y el Empleo, S.L.

Índice

PARTE GENERAL

Test n.º 1. La Constitución Española de 1978: Títulos Preliminar, I, II, Capítulo I del Título III y VIII (*105 preguntas*) 11

Test n.º 2. Ley Orgánica 1/1981, de 6 de abril, del Estatuto de Autonomía de Galicia: Títulos Preliminar, I y II. Competencias: exclusivas, desarrollo legislativo y ejecución (*30 preguntas*) 35

Test n.º 3. Ley 39/2015, de 1 de octubre, del Procedimiento Administrativo Común de las Administraciones Públicas: Títulos Preliminar, I, II, III, IV y V (*89 preguntas*) 43

Test n.º 4. Ley 1/2016, de 18 de enero, de Transparencia y Buen Gobierno: Título Preliminar, Capítulos I, II, IV y V del Título I y Secciones 1ª, 2ª y 3ª del Capítulo I del Título II (*40 preguntas*) 69

Test n.º 5. Ley 2/2015, de 29 de abril, del Empleo Público de Galicia: Títulos I, III, IV y V (*30 preguntas*) 81

Test n.º 6. Ley 7/2023, de 30 de noviembre, para la igualdad efectiva de mujeres y hombres de Galicia: Título Preliminar, Titulo I y Capítulos I y II del Título II (*23 preguntas*) 91

Test n.º 7. Real Decreto Legislativo 1/2013, de 29 de noviembre, por el que se aprueba el Texto Refundido de la Ley General de Derechos de las Personas con Discapacidad y de su Inclusión Social: Título Preliminar; Sección 1ª del Capítulo V y Capítulo VIII del Título I y Título II (*25 preguntas*) 101

Test n.º 8. Ley 31/1995, de 8 de noviembre, de Prevención de Riesgos Laborales: Capítulos I, II y III (*30 preguntas*) 109

PARTE ESPECÍFICA

Test n.º 1. La alimentación, la salud y el desarrollo. Proteínas, vitaminas, minerales, hidratos de carbono; calorías; el valor bromatológico de los alimentos. Confección de menús. Dietas terapéuticas básicas. Medidas sanitarias de orden general; medidas específicas para la prevención de riesgos, con mención específica a los residuos de cocina (*156 preguntas*) 121

Test n.º 2. Las cocinas, utensilios. Tratamiento y manipulación de los productos alimenticios. Normas y criterios para la elaboración de las comidas (*192 preguntas*) 155

Test n.º 3. Despensas y frigoríficos, circulación de los productos, la marcha adelante. Los productos congelados (*87 preguntas*) 197

Test n.º 4. Condimentos, especias, clases. Salsas y fondos de cocina; clases; elaboración (*51 preguntas*) 217

Test n.º 5. Consomés, sopas y cremas; clases. Elaboración (*20 preguntas*) 229

Test n.º 6. Hortalizas y verduras; clases. Limpieza, preparación y elaboración. Ensaladas, elaboración (*27 preguntas*). 235

Test n.º 7. Legumbres secas; clases; conservación. Pre-elaboración y cocción. Potajes, clases (*22 preguntas*) 243

Test n.º 8. La pasta italiana, variedades; cocción y preparación. El arroz, variedades; elaboración. Los huevos, elaboraciones básicas (*27 preguntas*) 249

Test n.º 9. Los pescados y mariscos; clases, limpieza y preparación. Elaboración; conservación (*31 preguntas*) 257

Test n.º 10. Las carnes; clases; las distintas piezas y su utilización. Preparación. Elaboraciones (*36 preguntas*) 265

Test n.º 11. Postres; frutas, quesos y yogures, helados, postres de cocina; elaboraciones básicas de panadería y pastelería. Presentación, preparación. Las bebidas: aguas, vinos y licores (*30 preguntas*) 275

Test n.º 12. Ley 1/2024 de 11 de enero, de la calidad alimentaria de Galicia: el sistema de análisis de peligros y puntos críticos de control (APPCC) (*35 preguntas*). 283

Test n.º 13. Normativa sobre alérgenos, disponibilidad, colocación y presentación de la información alimentaria: el Real decreto 126/2015, de 27 de febrero, y los reglamentos (UE) nº 2021/382 y nº 1169/2011 (*30 preguntas*) 293

Test n.º 14. Normativas de temperaturas y toma de muestras; el Real decreto 1086/2020, de 9 de diciembre (comidas preparadas y refrigeradas), y el Real decreto 1021/2022, de 13 de diciembre (higiene de la producción y comercialización de productos alimentarios) (*27 preguntas*)........... 301

Test n.º 15. Conceptos básicos del programa de gestión CENPOS relacionados con la cocina (*20 preguntas*) 309

PARTE GENERAL

TEST

TEST N.º 1

La Constitución Española de 1978:
Títulos Preliminar, I, II, capítulo I del Título III y VIII

1. ¿En qué se fundamenta la Constitución Española?

a) En un Estado social y democrático de Derecho.
b) En la indisoluble unidad de la Nación española.
c) En la independencia de los poderes del Estado.
d) En la organización territorial del Estado.

2. Según el artículo 3 de la CE, el castellano es la lengua oficial del Estado y todos los Españoles:

a) Tienen el deber de usar y el derecho de conocer el castellano.
b) Tienen el derecho y el deber de conocer el castellano.
c) Tienen el deber de conocer y el derecho de usar el castellano.
d) Tienen el derecho de conocer y usar el castellano.

3. La Constitución Española reconoce y garantiza el derecho a la autonomía:

a) De las nacionalidades que la integran.
b) De las regiones que la integran.
c) De las Comunidades Autónomas que la integran.
d) De las nacionalidades y regiones que la integran.

4. El Preámbulo de la Constitución:

a) Tiene en sí carácter de norma jurídica.
b) Es una declaración de intenciones, destinada a interpretar lo que se quiere alcanzar con el contenido normativo de la Constitución.
c) Se trata de un texto sin fuerza jurídica de obligar.
d) Las respuestas b) y c) son correctas.

**5. Señala la afirmación correcta, respecto de la aprobación, ratificación y publi-
cación de la Constitución Española:**

a) Aprobada por las Cortes el 31 de octubre de 1978, ratificada por el pueblo en referéndum el 6 de diciembre de 1978 y publicada el 29 de diciembre de 1978.

b) Aprobada por las Cortes el 30 de octubre de 1978, ratificada por el pueblo en referéndum el 16 de diciembre de 1978 y publicada el 27 de diciembre de 1978.

c) Aprobada por las Cortes el 31 de octubre de 1978, ratificada por el pueblo en referéndum el 16 de diciembre de 1978 y publicada el 29 de diciembre de 1978.

d) Aprobada por las Cortes el 10 de octubre de 1978, ratificada por el pueblo en referéndum el 26 de diciembre de 1978 y publicada el 30 de diciembre de 1978.

**6. ¿En qué parte de la Carta Magna se establece la exposición de motivos que im-
pulsan la norma constitucional y los objetivos que con ella se pretenden alcanzar?**

a) En el Título preliminar.

b) En el Preámbulo.

c) En el Título I.

d) En el Título II.

7. La Constitución Española fue sancionada por:

a) El Rey.

b) El Presidente del Congreso.

c) Las Cortes Generales.

d) El Presidente del Gobierno.

**8. ¿Cuáles de los siguientes españoles de origen pueden ser privados de su na-
cionalidad?**

a) Exclusivamente los miembros de grupos terroristas.

b) Los miembros de grupos terroristas y los que atenten contra el Rey u otro miembro
de la Casa Real.

c) Los que atenten contra un miembro de la Familia Real o del Gobierno de la Nación.

d) Ningún español de origen podrá ser privado de su nacionalidad.

9. Según la CE son fundamentos del orden político y la paz social:

a) La dignidad de la persona, los derechos violables que les son inherentes y el respeto
a la ley.

b) La dignidad de la persona, el desarrollo limitado de la personalidad y el respeto a
la ley.

c) El respeto a la ley, a los reglamentos administrativos y demás disposiciones legales.

d) La dignidad de la persona, los derechos inviolables que le son inherentes, el libre
desarrollo de su personalidad, el respeto a la ley y a los derechos de los demás.

10. ¿Cuál de los siguientes es considerado por la CE como uno de los valores superiores del ordenamiento jurídico?

a) La jerarquía normativa.
b) El pluralismo político.
c) La publicidad normativa.
d) La equidad.

11. La forma política del Estado español es:

a) Democracia parlamentaria.
b) Gobierno parlamentario.
c) Monarquía parlamentaria.
d) República democrática.

12. La parte de la CE que regula la estructura de los principales órganos del Estado recibe el nombre de:

a) Parte dogmática.
b) Parte orgánica.
c) Parte estatal.
d) Parte estructural.

13. Según la CE, la soberanía nacional:

a) Corresponde a las Cortes Generales, al estar compuestas por los representantes del pueblo.
b) Corresponde al Rey.
c) Reside en el pueblo español.
d) Corresponde al Gobierno de la Nación elegido directamente por el pueblo.

14. El derecho a la propiedad según nuestra Constitución es un Derecho:

a) Inherente a la condición humana.
b) Absoluto.
c) Limitado por la función social de la misma.
d) Ninguna de las respuestas anteriores es correcta.

15. ¿En qué parte de la Carta Magna se señalan los valores superiores del ordenamiento jurídico?

a) En el Preámbulo.
b) En el Título Preliminar.
c) En el Título I.
d) Ninguna respuesta es correcta.

16. ¿Cuál de las siguientes es una de las características de nuestra Constitución de 1978?

a) Consensuada.
b) Corta.
c) Conservadora.
d) Originalidad.

17. Son el fundamento del orden político y de la paz social:

a) El libre desarrollo de la personalidad.
b) Los derechos inviolables que les son inherentes.
c) El respeto a la ley y a los derechos de los demás.
d) Todas las respuestas son correctas.

18. Las primeras elecciones democráticas celebradas en España tras la muerte de Franco tuvieron lugar en:

a) 1975.
b) 1976.
c) 1977.
d) 1978.

19. El referéndum en el que se aprobó popularmente la Constitución se llevó a efecto el:

a) 27 de diciembre de 1978.
b) 6 de diciembre de 1978.
c) 31 de octubre de 1978.
d) 29 de diciembre de 1979.

20. La ponencia encargada de redactar el borrador de la Constitución se constituyó en el:

a) Senado.
b) Senado y Congreso de los Diputados.
c) Congreso de los Diputados.
d) Gobierno de la Nación.

21. Si un poder público, en su actuación, infringe lo dispuesto en el Preámbulo de la Constitución:

a) Incurre en nulidad.
b) Incurre en inconstitucionalidad.
c) No pasa nada salvo que, como consecuencia de esa actuación, se infrinja un artículo de la propia Constitución.
d) Nada de lo anterior es cierto.

22. El principio en virtud del cual el ciudadano está amparado por una legislación no sujeta a continuos vaivenes es el de:

a) Legalidad.
b) Publicidad normativa.
c) Seguridad jurídica.
d) Jerarquía normativa.

23. El principio en virtud del cual un Reglamento no puede contradecir una ley es el de:

a) Legalidad.
b) Jerarquía normativa.
c) Las respuestas a) y b) son correctas.
d) Seguridad jurídica.

24. Según la Constitución, una norma que imponga una nueva pena más leve para un delito:

a) No se aplica retroactivamente.
b) Puede aplicarse retroactivamente.
c) Ha de ser reglamentaria.
d) Atenta contra el principio de legalidad penal si se aplica retroactivamente.

25. Todos los españoles, respecto al castellano, tienen el:

a) Derecho-deber de conocerlo.
b) Derecho de usar y deber de conocerlo.
c) Derecho-deber de usarlo.
d) Nada de lo anterior.

26. La capital del Estado en España es:

a) La propia de cada Comunidad Autónoma.
b) La villa de Madrid.
c) Aquella donde se establezca en cada momento el Gobierno de la Nación.
d) Aquella en la que resida generalmente el Rey.

27. El pluralismo político, para nuestra Constitución, es un/una:

a) Principio General del ordenamiento político.
b) Valor superior del ordenamiento jurídico.
c) Principio rector de la política social y económica.
d) Derecho fundamental.

28. La forma política del Estado español es:

a) Unitaria y regionalizada.
b) Federal.
c) La Monarquía Parlamentaria.
d) La propia de un Estado Social y Democrático.

29. La justicia, según nuestra Constitución, es un/una:

a) Principio de nuestro ordenamiento jurídico.
b) Valor superior del anterior.
c) Manifestación del Estado democrático.
d) Todo lo anterior.

30. Un español de origen puede perder esta nacionalidad:

a) Por sanción administrativa.
b) Cuando libremente renuncie a la misma.
c) Por condena penal.
d) En ningún caso.

31. Constituye el fundamento del orden público y de la paz social, según la Constitución, el/la/los:

a) Derechos inviolables inherentes a la persona.
b) Estado social y democrático de Derecho.
c) Seguridad jurídica.
d) Justicia.

32. Las Comunidades Autónomas deben usar o instalar la bandera española:

a) En sus edificios.
b) En los actos oficiales.
c) Cuando lo solicite el Delegado del Gobierno de la Nación en las mismas.
d) Cuando lo estimen oportuno.

33. Deben tener una estructura interna y un funcionamiento democrático los/las:

a) Partidos Políticos.
b) Colegios Profesionales.
c) Organizaciones Profesionales.
d) Todos ellos.

34. La defensa de la integridad territorial de España se atribuye por la Constitución a/al/a las:

a) Fuerzas y Cuerpos de Seguridad.
b) Fuerzas Armadas.

c) Gobierno de la Nación.
d) Todas las anteriores.

35. Según la Constitución, el Estado es:

a) Apolítico.
b) Aconfesional.
c) De bienestar social.
d) Federal.

36. El derecho a la vida se consagra en el siguiente artículo de la Constitución:

a) 10.
b) 16.
c) 15.
d) 24.

37. La pena de muerte en España:

a) Ha quedado abolida.
b) Puede aplicarse en cualquier momento.
c) Solo se aplicará, en tiempo de guerra, a los militares.
d) Rige solo en el ámbito civil.

38. La inmediata puesta a disposición judicial derivada del habeas corpus, se produce por:

a) Detención ilegal.
b) Prisión ilegal.
c) Prisión preventiva.
d) Detención preventiva.

39. El proceso en el que se enjuicie a un presunto delincuente debe:

a) Ser sumario.
b) No dilatarse.
c) Entorpecer los instrumentos probatorios.
d) Nada de lo anterior es cierto.

40. La entrada en un domicilio en caso de flagrante delito, sin autorización de su titular:

a) Puede dar lugar a la aplicación del habeas corpus.
b) Requiere autorización previa de la autoridad judicial.
c) Puede efectuarse en todo momento.
d) No puede realizarse en momento alguno.

41. Cuando, al conocerse la comisión de un delito por una persona, se acude a su domicilio para detenerla:

a) Está obligada a franquear la entrada.
b) Se necesitará autorización judicial para entrar, si no da su consentimiento para ello.
c) Pese a que no dé su consentimiento, se puede entrar.
d) Nada de lo anterior es correcto.

42. La autorización previa para celebrar una manifestación pública:

a) La da el Subdelegado del Gobierno en la Provincia.
b) Es ineludible.
c) Sería inconstitucional.
d) Se da cuando no se prevean alteraciones al orden público, con peligro para personas o bienes.

43. El tipo de sufragio que consagra la Constitución es el:

a) Proporcional.
b) Universal.
c) Censitario.
d) Las respuestas a) y b) son correctas.

44. Además de la no autoinculpación, la Constitución prevé que no se está obligado a declarar sobre un hecho presuntamente delictivo en caso de:

a) Parentesco y afinidad.
b) Cláusula de conciencia.
c) Secreto profesional.
d) Las respuestas a) y b) son correctas.

45. Los Tribunales de Honor están prohibidos respecto de los/la/las:

a) Sindicatos y Organizaciones Profesionales.
b) Administración Civil y Militar.
c) Organizaciones Profesionales y la Administración Civil.
d) Todas las respuestas anteriores son correctas.

46. El secreto profesional, constitucionalmente, sirve para:

a) Ejercer con libertad una profesión titulada.
b) La libertad de creación científica y técnica.
c) No declarar sobre hechos presuntamente delictivos.
d) Todo lo anterior.

47. La fundación de una Internacional Sindical por un sindicato español:

a) Es libre.
b) Está prohibida.
c) Debe plasmarse en un Tratado Internacional.
d) Nada de lo anterior es cierto.

48. El ejercicio del derecho de petición a través de una manifestación ciudadana:

a) No se admite.
b) Se admite en algún caso.
c) Se admite, salvo para los militares.
d) Ni se admite ni se prohíbe.

49. Nuestro sistema tributario ha de ser:

a) Regresivo e igualitario.
b) Progresivo y generalizado.
c) Confiscatorio.
d) Justo y regresivo.

50. La asistencia de todo orden a los hijos habidos extraconyugalmente:

a) No está prevista en la Constitución.
b) Es un deber de los padres.
c) Se dispensará por Instituciones de Beneficencia.
d) Se dispensa solo a los que de ellos tengan discapacidad.

51. La especulación urbanística, según la Constitución:

a) Debe evitarse.
b) Está permitida.
c) Genera plusvalías para la colectividad.
d) Pueden hacerla los poderes públicos.

52. No es susceptible de recurso de amparo el derecho a la/de:

a) Sindicación.
b) Investigación científica.
c) Secreto de las comunicaciones.
d) Lo son todos ellos.

53. No es susceptible de recurso de amparo el derecho de:

a) Libertad de cátedra.
b) Negociación colectiva.

c) Manifestación.
d) Huelga.

54. Es susceptible de recurso de amparo el derecho de/a la:

a) Libre sindicación.
b) Petición.
c) Cláusula de conciencia.
d) Lo están todos ellos.

55. Una vez declarado el estado de excepción no se puede suspender el derecho/ libertad de:

a) Huelga.
b) Enseñanza.
c) Adopción de medidas de conflicto colectivo.
d) Libertad de circulación.

56. Durante el estado de excepción, un detenido conserva el derecho de/a:

a) Setenta y dos horas para ser puesto a disposición judicial.
b) Secreto de comunicaciones.
c) Asistencia de Letrado.
d) Ninguno de ellos.

57. Se puede suspender, con motivo de investigaciones relativas a bandas armadas, el derecho de:

a) Huelga.
b) Inviolabilidad del domicilio.
c) Libertad de circulación.
d) Las respuestas b) y c) son correctas.

58. Según la Constitución Española, arbitra y modera el funcionamiento regular de las instituciones:

a) El Presidente del Gobierno.
b) El Rey.
c) El Estado.
d) Los tribunales de Justicia.

59. Las abdicaciones y renuncias se resolverán:

a) Por ley.
b) Por decreto ley.

c) Por decisión de las Cortes Generales.
d) Por ley orgánica.

60. Si no hubiese a quien corresponda la Regencia, esta será nombrada por:

a) Las Cortes Generales.
b) El Congreso de los Diputados.
c) El Senado.
d) El Gobierno.

61. No necesita de refrendo:

a) Declarar la guerra y hacer la paz.
b) Expedir los decretos acordados en Consejo de Ministros.
c) Nombrar y relevar a los miembros civiles y militares de la Casa Real.
d) Todos los actos del Rey necesitan refrendo.

62. ¿A quién corresponde manifestar el consentimiento del Estado para obligarse por medio de tratados?

a) Al Rey.
b) Al Gobierno.
c) Al Estado.
d) Al Presidente del Gobierno.

63. La asunción de funciones constitucionales por la Reina consorte:

a) Está prevista como regla general.
b) Depende de la voluntad del Rey.
c) Está prohibida.
d) Está limitada.

64. La tutoría del Rey puede recaer en:

a) Cualquier persona nombrada por las Cortes Generales, en su caso.
b) Sus hijos.
c) Una, tres o cinco personas.
d) Nada de lo anterior es cierto.

65. Una hija del Príncipe de Asturias ostentará este tratamiento:

a) Cuando su padre acceda a la condición de Rey, si es la primogénita, aunque tenga hermanos varones.
b) Al morir su padre.
c) Al acceder a Rey su padre, si no tiene hermano varón.
d) Cuando delegue en ella el propio Príncipe.

66. La Regencia se ejerce:

a) Por mandato del Rey.
b) En nombre de este.
c) Por mandato constitucional.
d) Las respuestas b) y c) son correctas.

67. La dirección de la defensa del Estado es competencia genuina del/de las:

a) Rey.
b) Fuerzas Armadas.
c) Gobierno de la Nación.
d) Todos ellos.

68. El refrendo de los actos del Rey está íntimamente relacionado con:

a) Su irresponsabilidad política.
b) Su inhabilitación.
c) La Regencia.
d) Sus poderes discrecionales.

69. En caso de que el Rey sea menor de edad:

a) No tomará posesión de su cargo hasta su mayoría de edad.
b) Ejercerá la Regencia el Príncipe heredero.
c) Ejercerá la Regencia su cónyuge.
d) Nada de lo anterior es cierto.

70. Si el Príncipe heredero tuviera descendientes y renunciara a sus derechos al trono:

a) Su cónyuge ejercería la Regencia hasta que su primogénito varón fuere mayor de edad.
b) Su cónyuge ejercería la Regencia hasta que dicho primogénito fuera proclamado Rey.
c) Se nombraría Princesa heredera a su hermana mayor, si la hubiere.
d) Nada de lo anterior es cierto.

71. La presidencia por el Rey de las reuniones del Consejo de Ministros:

a) Se permite solo respecto de las decisorias.
b) Ha de efectuarse a petición del Presidente del Gobierno de la Nación.
c) Está prevista constitucionalmente para dirigir la Administración Civil y Militar.
d) Las respuestas a) y b) son ciertas.

72. El juramento lo prestará el Rey ante el/las:

a) Cortes Generales.
b) Gobierno de la Nación.

c) Miembros de la Familia Real.
d) Pueblo español.

73. Si se agotan todas las líneas llamadas a la sucesión en la Corona de España, se:

a) Nombran Regentes.
b) Proveerá a la sucesión en la Corona por las Cortes Generales.
c) Proclama la República.
d) Establece una Dictadura.

74. La inhabilitación del Rey se reconoce por el/los/las:

a) Gobierno de la Nación.
b) Congreso de los Diputados.
c) Cortes Generales.
d) Tres Poderes constitucionales.

75. El Regente nombrado en defecto de padre, madre, pariente mayor de edad o Príncipe heredero mayor de edad se designa por el/las:

a) Propio Rey.
b) Cortes Generales.
c) Congreso de los Diputados.
d) Consejo de Regencia.

76. ¿Quién proveerá a la sucesión en la Corona en la forma que más convenga a los intereses de España cuando estén extinguidas todas las líneas llamadas en Derecho?

a) El Presidente del Gobierno.
b) El Senado.
c) El Congreso de los Diputados.
d) Las Cortes Generales.

77. Si no hubiere ninguna persona a quien corresponda la Regencia, esta será nombrada por las Cortes Generales, y se compondrá de:

a) Una única persona.
b) Una o dos personas.
c) Una, tres o cinco personas.
d) De tres a seis personas.

78. ¿De qué plazo dispone el Rey para sancionar las leyes aprobadas por las Cortes Generales?

a) Lo más rápido posible, con un máximo de 48 horas.
b) Un semana.
c) Quince días.
d) Un mes.

79. Según la Constitución, las Entidades que forman parte de la organización territorial del Estado tienen la nota común de:

a) Autogobierno.
b) Independencia.
c) Autonomía.
d) Financiación propia.

80. La titularidad de la soberanía española radica en el/las:

a) Cortes Generales como representantes del pueblo español.
b) Rey como Jefe del Estado.
c) Pueblo mismo.
d) Nacionalidades y regiones que integran España.

81. No pueden constituirse en Comunidades Autónomas los territorios:

a) Que no estén integrados en la organización provincial.
b) Que, no siendo superiores a una Provincia, tengan entidad regional histórica.
c) Que, no siendo superiores a una Provincia, no tengan entidad regional histórica.
d) Interinsulares.

82. La vía ordinaria de acceso a la autonomía por el artículo 143 de la Constitución se sigue por los/las:

a) Provincias con entidad regional histórica.
b) Territorios que en el pasado hubieren plebiscitado afirmativamente proyecto de Estatuto de Autonomía.
c) Provincia sin entidad regional histórica directamente.
d) Supuestos especiales de Ceuta, Melilla y Gibraltar.

83. Entre las determinaciones de los Estatutos de Autonomía no es necesario incluir la:

a) Delimitación de su territorio.
b) Denominación de las instituciones autónomas propias.
c) Denominación de la Comunidad.
d) Denominación, organización y sede de sus instituciones administrativas.

84. En las Comunidades Autónomas que siguen la vía común, el Proyecto de Estatuto será elaborado por la/los:

a) Asamblea de Parlamentarios que se constituye al efecto.
b) Comisión Constitucional del Congreso de los Diputados.
c) Diputación Provincial correspondiente.
d) Miembros de la Diputación u órgano interinsular y por los Diputados y Senadores elegidos por ellas.

85. El voto de ratificación por los Plenos del Senado y del Congreso de los Diputados se dará en el/las:

a) Comunidades Autónomas que siguen la vía común.
b) Comunidades Autónomas que siguen la vía especial.
c) Acceso a la autonomía de Ceuta y Melilla.
d) Acceso a la autonomía de Gibraltar.

86. La responsabilidad política del Presidente de una Comunidad Autónoma se exige por el/la:

a) Sala de lo Penal del Tribunal Supremo.
b) Congreso de los Diputados.
c) Tribunal Superior de Justicia de la Comunidad Autónoma.
d) Asamblea Legislativa de la Comunidad Autónoma.

87. La Asamblea Legislativa de las Comunidades Autónomas se elige:

a) Con criterios de representación territorial.
b) Con criterios de representación proporcional.
c) Por sufragio individual.
d) Con criterios de representación provincial.

88. Con el fin de corregir los desequilibrios económicos interterritoriales y hacer efectivo el principio de solidaridad, se constituye:

a) El Fondo de Compensación Interterritorial.
b) El Comité Económico Interterritorial.
c) El Consejo de Política Fiscal y Financiera.
d) El FASI.

89. Los Estatutos de Autonomía deberán contener el/la/las:

a) Competencias que se dejan al Estado y las que asume la Comunidad.
b) Competencias que, en función de la Constitución, asume cada Comunidad Autónoma.
c) Desarrollo de la Administración Autonómica.
d) División provincial y órganos de gobierno.

90. En la reforma de los Estatutos intervienen las Cortes Generales:

a) Siempre.
b) Nunca.
c) Solo cuanto se trata de Comunidades Autónomas que accedieron por la vía común.
d) En las Comunidades Autónomas de vía especial exclusivamente.

91. Los miembros de las Diputaciones u órganos interinsulares intervienen en la elaboración de los Estatutos de Autonomía:

a) En todo caso.
b) Nunca.
c) En las Comunidades Autónomas de vía común.
d) En las Comunidades Autónomas de vía especial.

92. Los Estatutos de Autonomía en la vía común se aprueban por el:

a) Congreso de los Diputados mediante ley orgánica.
b) Congreso de los Diputados y Senado por ley orgánica.
c) Congreso de los Diputados y Senado por ley ordinaria.
d) Parlamento Autonómico solamente.

93. La más alta representación de una Comunidad Autónoma la ostenta el:

a) Presidente del Parlamento Autonómico.
b) Presidente de la Comunidad Autónoma.
c) Rey.
d) Presidente del Gobierno de la Nación.

94. La asunción de competencias y de mayor autonomía por las Comunidades Autónomas es, como regla general:

a) Regresiva.
b) Progresiva.
c) Automática.
d) Inmediata.

95. En la elaboración por la vía común de los Estatutos de Autonomía:

a) No intervienen los Municipios afectados.
b) Intervendrán en todo caso.
c) Solo intervienen las Diputaciones Provinciales u órganos interinsulares.
d) Solo intervienen los Municipios y los Diputados y Senadores.

96. El principio de solidaridad consagrado por el artículo 138 de la Constitución exige una atención especial a:

a) Las Comunidades Autónomas de economía más deprimida.
b) Las Entidades de ámbito territorial inferior al municipal.
c) Todas las partes del territorio nacional.
d) Las Islas.

97. La federación de Comunidades Autónomas, según la Constitución:

a) Solo se permite respecto de las limítrofes.
b) Requiere Ley Orgánica de las Cortes Generales.
c) Ha de efectuarse previa reforma de la propia Constitución.
d) Está absolutamente prohibida.

98. De las siguientes materias, ¿cuáles no son competencia exclusiva del Estado?

a) Legislación sobre propiedad intelectual e industrial.
b) Fomento y coordinación general de la investigación científica y técnica.
c) Los montes y aprovechamientos forestales.
d) Defensa y Fuerzas Armadas.

99. Las Cámaras se reúnen en sesiones:

a) Ordinarias y extraordinarias.
b) Simples o conjuntas.
c) Ordinarias, extraordinarias y conjuntas.
d) Ordinarias, extraordinarias y de urgencia.

100. Para adoptar acuerdos, las Cámaras deben estar reunidas reglamentaria- mente y con asistencia de la mayoría de sus miembros. Dichos acuerdos, para ser válidos, deberán ser aprobados:

a) Por la mayoría de los miembros presentes.
b) Por mayoría absoluta de sus miembros.
c) Por los 3/5 de cada una de las Cámaras.
d) Por los 2/3 del conjunto de las Cámaras.

101. ¿En qué plazo deberá ser convocado el Congreso electo tras la celebración de elecciones?

a) Entre los 30 y 60 días siguientes.
b) Dentro de los 25 días siguientes.
c) Entre los 10 y 30 días siguientes.
d) Dentro de los 30 días siguientes.

102. En las causas contra Diputados y Senadores será competente:

a) La Sala de lo Civil del Tribunal Supremo.
b) La Sala de lo Social del Tribunal Supremo.
c) La Sala de lo Contencioso-Administrativo del Tribunal Supremo.
d) La Sala de lo Penal del Tribunal Supremo.

103. Las Diputaciones Permanentes estarán presididas por:

a) El diputado de mayor edad.
b) El diputado del grupo parlamentario más numeroso.
c) El Presidente del Gobierno.
d) El Presidente de la Cámara respectiva.

104. ¿Cuántos Senadores corresponderán a Menorca?

a) 1.
b) 2.
c) 3.
d) 4.

105. Las sesiones conjuntas del Senado y del Congreso serán presididas:

a) Por el Rey.
b) Por el Presidente del Gobierno.
c) Por el Presidente del Congreso.
d) Por el Presidente del Senado.

Solución al test n.º 1

1. b) En la indisoluble unidad de la Nación española.

2. c) Tienen el deber de conocer y el derecho de usar el castellano.

3. d) De las nacionalidades y regiones que la integran.

4. d) Las respuestas b) y c) son correctas.

5. a) Aprobada por las Cortes el 31 de octubre de 1978, ratificada por el pueblo en referéndum el 6 de diciembre de 1978 y publicada el 29 de diciembre de 1978.

6. b) En el Preámbulo.

7. a) El Rey.

8. d) Ningún español de origen podrá ser privado de su nacionalidad.

9. d) La dignidad de la persona, los derechos inviolables que le son inherentes, el libre desarrollo de su personalidad, el respeto a la ley y a los derechos de los demás.

10. b) El pluralismo político.

11. c) Monarquía parlamentaria.

12. b) Parte orgánica.

13. c) Reside en el pueblo español.

14. c) Limitado por la función social de la misma.

15. b) En el Título Preliminar.

16. a) Consensuada.

17. d) Todas las respuestas son correctas.

18. c) 1977.

19. b) 6 de diciembre de 1978.

20. c) Congreso de los Diputados.

21. c) No pasa nada, salvo que, como consecuencia de esa actuación, se infrinja un artículo de la propia Constitución.

22. c) Seguridad jurídica.

23. c) Las respuestas a) y b) son correctas.

24. b) Puede aplicarse retroactivamente.

25. b) Derecho de usar y deber de conocerlo.

26. b) La villa de Madrid.

27. b) Valor superior del ordenamiento jurídico.

28. c) La Monarquía Parlamentaria.

29. b) Valor superior del anterior.

30. b) Cuando libremente renuncie a la misma.

31. a) Derechos inviolables inherentes a la persona.

32. b) En los actos oficiales.

33. d) Todos ellos.

34. b) Fuerzas Armadas.

35. b) Aconfesional.

36. c) 15.

37. a) Ha quedado abolida.

38. a) Detención ilegal.

39. b) No dilatarse.

40. c) Puede efectuarse en todo momento.

41. b) Se necesitará autorización judicial para entrar, si no da su consentimiento para ello.

42. c) Sería inconstitucional.

43. b) Universal.

44. c) Secreto profesional.

45. c) Organizaciones Profesionales y la Administración Civil.

46. c) No declarar sobre hechos presuntamente delictivos.

47. a) Es libre.

48. a) No se admite.

49. b) Progresivo y generalizado.

50. b) Es un deber de los padres.

51. a) Debe evitarse.

52. b) Investigación científica.

53. b) Negociación colectiva.

54. d) Lo están todos ellos.

55. b) Enseñanza.

56. c) Asistencia de Letrado.

57. b) Inviolabilidad del domicilio.

58. b) El Rey.

59. d) Por ley orgánica.

60. a) Las Cortes Generales.

61. c) Nombrar y relevar a los miembros civiles y militares de la Casa Real.

62. a) Al Rey.

63. d) Está limitada.

64. a) Cualquier persona nombrada por las Cortes, en su caso.

65. c) Al acceder a Rey su padre, si no tiene hermano varón.

66. d) Las respuestas b) y c) son correctas.

67. c) Gobierno de la Nación.

68. a) Su irresponsabilidad política.

69. d) Nada de lo anterior es cierto.

70. c) Se nombraría Princesa heredera a su hermana mayor, si la hubiere.

71. b) Ha de efectuarse a petición del Presidente del Gobierno de la Nación.

72. a) Cortes Generales.

73. b) Proveerá a la sucesión en la Corona por las Cortes Generales.

74. c) Cortes Generales.

75. b) Cortes Generales.

76. d) Las Cortes Generales.

77. c) Una, tres o cinco personas.

78. c) Quince días.

79. c) Autonomía.

80. c) Pueblo mismo.

81. d) Interinsulares.

82. a) Provincias con entidad regional histórica.

83. d) Denominación, organización y sede de sus instituciones administrativas.

84. d) Miembros de la Diputación u órgano interinsular y por los Diputados y Senadores elegidos por ellas.

85. b) Comunidades Autónomas que siguen la vía especial.

86. d) Asamblea Legislativa de la Comunidad Autónoma.

87. b) Con criterios de representación proporcional.

88. a) El Fondo de Compensación Interterritorial.

89. b) Competencias que, en función de la Constitución, asume cada Comunidad Autónoma.

90. a) Siempre.

91. c) En las Comunidades Autónomas de vía común.

92. b) Congreso de los Diputados y Senado por ley orgánica.

93. b) Presidente de la Comunidad Autónoma.

94. b) Progresiva.

95. a) No intervienen los Municipios afectados.

96. d) Las Islas.

97. d) Está absolutamente prohibida.

98. c) Los montes y aprovechamientos forestales.

99. c) Ordinarias, Extraordinarias y Conjuntas.

100. a) Por la mayoría de los miembros presentes.

101. b) Dentro de los 25 días siguientes.

102. d) La Sala de lo Penal del Tribunal Supremo.

103. d) El Presidente de la Cámara respectiva.

104. a) 1.

105. c) Por el Presidente del Congreso.

TEST N.º 2

Ley Orgánica 1/1981, de 6 de abril, del Estatuto de Autonomía de Galicia: Títulos Preliminar, I y II. Competencias: exclusivas, desarrollo legislativo y ejecución

1. La aprobación de los presupuestos de la Comunidad Autónoma de Galicia corresponde:

a) Al Presidente de la Xunta de Galicia.
b) A la Xunta de Galicia.
c) Al Congreso de los Diputados.
d) Al Parlamento de Galicia.

2. El Presidente del Tribunal Superior de Justicia de Galicia es nombrado:

a) Por el Presidente de la Junta, previo acuerdo del Parlamento de Galicia.
b) Por el Presidente del Gobierno, la propuesta de las Cortes Generales.
c) Por el Presidente del Gobierno, la propuesta del Consejo General del Poder Judicial.
d) Por el Rey, la propuesta del Consejo General del Poder Judicial.

3. El artículo 12.3 del Estatuto de Autonomía de Galicia dice que el Parlamento funcionará:

a) En Plenos y en Diputación Permanente.
b) En Plenos y en Comisiones, y se reunirá en sesiones ordinarias y extraordinarias.
c) En Plenos y en Mesas, y se reunirá en sesiones ordinarias.
d) En Pleno y en Diputación Permanente, y se reunirá en sesiones ordinarias y extraordinarias.

4. Como dice el artículo 15.3 del Estatuto de Autonomía de Galicia, el que propone al candidato a Presidente de la Xunta de Galicia es:

a) La Diputación Permanente.
b) El Parlamento Gallego en Pleno.

c) El Presidente del Parlamento.
d) El Rey.

5. Según el artículo 7.1 del Estatuto de Autonomía de Galicia, las comunidades gallegas asentadas fuera de Galicia podrán solicitar el reconocimiento de su galleguidad sin que en ningún caso implique la concesión de:

a) Derechos políticos.
b) Derechos culturales.
c) Subvenciones de la Xunta de Galicia.
d) Estatuto de autonomía.

6. En el marco de las normas básicas del Estado, corresponde a la Comunidad Autónoma:

a) El desarrollo legislativo y la ejecución del régimen de Radiodifusión y Televisión en los términos y casos establecidos en la Ley que regule el Estatuto Jurídico de la Radio y la Televisión.
b) El desarrollo legislativo y la ejecución del régimen de prensa y, en general, de todos los medios de comunicación social.
c) Son correctas a) y b).
d) No son correctas ninguna.

7. La Comunidad Autónoma de Galicia goza de autonomía plena. Indica que precepto constitucional fundamenta este proceso:

a) El artículo 143.
b) El artículo 151.
c) El artículo 148.
d) El artículo 150.

8. Indicar que Ley Orgánica aprobó el Estatuto de Autonomía de Galicia para que Galicia se constituyese en comunidad autónoma:

a) Ley Orgánica 1/1981, de 6 de abril.
b) Ley Orgánica 1/1982, de 6 de abril.
c) Ley Orgánica 1/1981, de 7 de abril.
d) Ley Orgánica 2/1981, de 6 de abril.

9. Los poderes de la Comunidad Autónoma de Galicia emanan de la Constitución, de su Estatuto de Autonomía y del:

a) Pueblo.
b) Gobierno.
c) Estado.
d) Municipio.

10. El Parlamento será elegido por un plazo de:

a) 2 años.
b) 4 años.
c) 5 años.
d) 3 años.

11. La bandera de Galicia es:

a) Blanca con una banda diagonal de color azul que la atraviesa desde el ángulo superior izquierdo hasta el inferior derecho.
b) Azul con una banda diagonal de color blanca que la atraviesa desde el ángulo superior izquierdo hasta el inferior derecho.
c) Blanca con una banda diagonal de color roja que la atraviesa desde el ángulo superior izquierdo hasta el inferior derecho.
d) Amarilla con una banda diagonal de color azul que la atraviesa desde el ángulo superior izquierdo hasta el inferior derecho.

12. El Estatuto de Autonomía de Galicia se estructura en:

a) Un Título Preliminar, 5 títulos más.
b) Un Título Preliminar, 4 títulos más.
c) Un Título Preliminar, 6 títulos más.
d) Cinco títulos.

13. El Título II del Estatuto de Autonomía de Galicia se refiere:

a) Al poder gallego.
b) A la Administración pública gallega.
c) A las competencias de Galicia.
d) A la economía y la hacienda.

14. La sede de las instituciones autonómicas se fijará:

a) Por ley del Parlamento de Galicia.
b) Por ley de las Cortes Generales.
c) Por decreto de la Xunta de Galicia.
d) Por acuerdo de la Xunta de Galicia.

15. ¿En qué artículo de la Constitución se consagra el derecho a la autonomía de las nacionalidades y regiones?

a) En el artículo 1.
b) En el artículo 2.
c) En el artículo 9.
d) Todas son falsas.

16. El Título VIII de la Constitución Española regula:

a) El gobierno y la administración.
b) La Corona.
c) La economía y hacienda.
d) La organización territorial del Estado.

17. Podrán acceder a su autogobierno y constituirse en Comunidades Autónomas:

a) Las provincias limítrofes con características históricas, culturales y económicas comunes.
b) Los territorios insulares.
c) Las provincias con entidad regional histórica.
d) Todas son correctas.

18. La doctrina mayoritaria afirma que el Estatuto de Autonomía es:

a) Una norma europea.
b) Una norma estatal.
c) Una norma autonómica.
d) Tanto una norma estatal, como una norma autonómica.

19. El Estatuto de Autonomía de Galicia se compone de:

a) 47 artículos.
b) 67 artículos.
c) 57 artículos.
d) 75 artículos.

20. Analizando las competencias de la Comunidad Autónoma gallega, la organización de las instituciones de autogobierno:

a) Es competencia exclusiva.
b) Es competencia concurrente.
c) Es competencia compartida.
d) Todas son falsas.

21. ¿Y la competencia sobre el régimen Jurídico de la Administración Pública de Galicia y régimen estatutario de sus funcionarios?

a) Es competencia exclusiva.
b) Es competencia concurrente.
c) Es competencia compartida.
d) Todas son falsas.

22 ¿Y la competencia sobre la ordenación del sector pesquero?

a) Es competencia exclusiva.
b) Es competencia concurrente.
c) Es competencia compartida.
d) Todas son falsas.

23. ¿Cuál de las siguientes no es una competencia compartida de la Comunidad Autónoma gallega?

a) Puertos pesqueros.
b) Régimen jurídico de los montes vecinales en mano común.
c) Establecimientos farmacéuticos.
d) Entidades cooperativas.

24. Aquellas competencias que ejerce de un modo exclusivo la Comunidad Autónoma y el Estado sobre una misma materia y que exigen, obviamente, una delimitación de cuál es el ámbito en el que una y otro ejercen con exclusividad sus respectivas competencias, se denominan:

a) Competencias exclusivas.
b) Competencias concurrentes.
c) Competencias compartidas.
d) No existen este tipo de competencias.

25. ¿Cuál de las siguientes afirmaciones no es correcta?

a) La Comunidad Autónoma gallega tiene competencias compartidas en materia de propiedad industrial.
b) La Comunidad Autónoma gallega tiene competencias compartidas en materia de ferias y mercados interiores.
c) La Comunidad Autónoma gallega tiene competencias exclusivas en materia de artesanía.
d) La Comunidad Autónoma gallega tiene competencias exclusivas en materia de promoción y la enseñanza de la lengua gallega.

26. La Ley 7/2011, de 27 de octubre, del turismo de Galicia desarrolla una competencia:

a) Exclusiva.
b) Concurrente.
c) Compartida.
d) Todas son falsas.

27. Sobre los puertos, aeropuertos y helipuertos calificados de interés general por el Estado, la Comunidad Autónoma de Galicia tiene competencia:

a) Exclusiva.
b) Concurrente.

c) Compartida.
d) Todas son falsas.

28. Corresponde a la Junta de Galicia:

a) Aprobar los reglamentos generales de sus propios tributos.
b) Elaborar las normas reglamentarias precisas para gestionar los impuestos estatales cedidos de acuerdo con los términos de dicha cesión.
c) Son correctas a) y b).
d) Ninguna es correcta.

29. Los poderes de la Comunidad Autónoma se ejercen a través de:

a) El Parlamento.
b) La Junta.
c) Su Presidente.
d) Todas son ciertas.

30. Son funciones del Parlamento de Galicia:

a) Ejercer la potestad legislativa de la Comunidad Autónoma.
b) Controlar la acción ejecutiva de la Junta, aprobar los presupuestos y ejercer las otras competencias que le sean atribuidas por la Constitución, por el Estatuto, por las leyes del Estado y las del Parlamento de Galicia.
c) Elegir de entre sus miembros al Presidente de la Junta de Galicia.
d) Todas son ciertas.

Solución al test n.º 2

1. d) Al Parlamento de Galicia.

2. d) Por el Rey, la propuesta del Consejo General del Poder Judicial.

3. b) En Plenos y en Comisiones, y se reunirá en sesiones ordinarias y extraordinarias.

4. c) El Presidente del Parlamento.

5. a) Derechos políticos.

6. c) Son correctas a) y b).

7. b) El artículo 151.

8. a) Ley Orgánica 1/1981, de 6 de abril.

9. a) Pueblo.

10. b) 4 años.

11. a) Blanca con una banda diagonal de color azul que la atraviesa desde el ángulo superior izquierdo hasta el inferior derecho.

12. a) Un título preliminar, 5 títulos más.

13. c) A las competencias de Galicia.

14. a) Por ley del Parlamento de Galicia.

15. b) En el artículo 2.

16. d) La organización territorial del Estado.

17. d) Todas son correctas.

18. d) Tanto una norma estatal, como una norma autonómica.

19. c) 57 artículos.

20. a) Es competencia exclusiva.

21. c) Es competencia compartida.

22. c) Es competencia compartida.

23. b) Régimen jurídico de los montes vecinales en mano común.

24. b) Competencias concurrentes.

25. b) La Comunidad Autónoma gallega tiene competencias compartidas en materia de ferias y mercados interiores.

26. a) Exclusiva.

27. d) Todas son falsas.

28. c) Son correctas a) y b).

29. d) Todas son ciertas.

30. d) Todas son ciertas.

TEST N.º 3

Ley 39/2015, de 1 de octubre, del Procedimiento Administrativo Común de las Administraciones Públicas: Títulos Preliminar, I, II, III, IV y V

1. Uno de los objetos que regula la Ley 39/2015, de 1 de octubre, es el procedimiento administrativo común a todas las Administraciones Públicas. ¿Cuál es la justificación jurídica de esta reserva material?

a) El Preámbulo de la Ley 30/1992, de 26 de noviembre, de Régimen Jurídico de las Administraciones Públicas y del Procedimiento Administrativo Común.

b) La Ley de Régimen Jurídico de la Administración del Estado, de 26 de julio de 1957.

c) El artículo 149.1.18 de la Constitución española de 1978.

d) La Ley de Procedimiento Administrativo de 17 de julio de 1958.

2. La Ley 39/2015, de 1 de octubre, tiene por objeto regular los requisitos de validez y eficacia de los actos administrativos. ¿A qué se refiere el concepto de validez de un acto administrativo?

a) La validez de un acto administrativo se refiere a la capacidad de este para generar efectos ante terceros.

b) La validez de un acto administrativo se refiere a que la notificación del mismo se haya practicado de forma satisfactoria.

c) La validez de un acto administrativo se refiere a que el acto administrativo se haya publicado si forma parte de un procedimiento selectivo o de concurrencia competitiva de cualquier tipo.

d) La validez de un acto administrativo se refiere a la adecuación a derecho de todos sus elementos.

3. El procedimiento administrativo común a todas las Administraciones Públicas, que es objeto de regulación por la Ley 39/2015, de 1 de octubre, ¿incluye el de reclamación de responsabilidad de las Administraciones Públicas?

a) No, el procedimiento de reclamación de responsabilidad de las Administraciones Públicas se regula en el Real decreto 1398/1993, de 4 de agosto, por el que se aprueba el Reglamento de los procedimientos de las Administraciones Públicas en materia de responsabilidad patrimonial.

b) Sí, el procedimiento de reclamación de responsabilidad de las Administraciones Públicas se incluye en el procedimiento administrativo común aunque la Ley 39/2015, de 1 de octubre, deriva su regulación al Real decreto 429/1993, de 26 de marzo, por el que se aprueba el Reglamento de los procedimientos de las Administraciones Públicas en materia de responsabilidad patrimonial.

c) No, solo incluye el procedimiento sancionador.

d) Sí.

4. ¿A qué capacidad se refiere el art. 3 de la Ley 39/2015, de 1 de diciembre, en relación con las personas físicas?

a) A la capacidad jurídica.

b) A la capacidad para ser titular de derechos subjetivos.

c) A la capacidad para ser titular de deberes jurídicos.

d) A la capacidad de obrar.

5. Los menores de edad, ¿tienen capacidad de obrar ante las Administraciones Públicas?

a) Sí, en todo caso, para el ejercicio y defensa de aquellos de sus derechos e intereses cuya actuación esté permitida por el ordenamiento jurídico sin la asistencia de la persona que ejerza la patria potestad, tutela o curatela.

b) No, en ningún caso; únicamente tendrán capacidad de obrar ante las Administraciones Públicas, las personas físicas mayores de edad no incapacitadas.

c) Sí, para el ejercicio y defensa de aquellos de sus derechos e intereses cuya actuación esté permitida por el ordenamiento jurídico sin la asistencia de la persona que ejerza la patria potestad, tutela o curatela, aunque sean menores incapacitados, siempre que la extensión de la incapacitación no afecte al ejercicio y defensa de los derechos o intereses de que se trate.

d) Sí, excepto los menores incapacitados.

6. Excepto el supuesto previsto por el artículo 3.b) de la Ley 39/2015, de 1 de octubre, los menores de edad no tienen capacidad de obrar ante las Administraciones Públicas, y necesitan de la asistencia de la persona que ejerza la patria potestad, tutela o curatela. En relación con la patria potestad, señala cuál de los siguientes enunciados es incorrecto:

a) La patria potestad, como responsabilidad parental, se ejercerá siempre en interés de los hijos, de acuerdo con su personalidad, y con respeto a sus derechos, su integridad física y mental.

b) El ejercicio de la patria potestad comprende representar a sus hijos y administrar sus bienes.

c) Los hijos emancipados están bajo la patria potestad de los progenitores.

d) Si los hijos tuvieren suficiente madurez deberán ser oídos siempre antes de adoptar decisiones que les afecten.

7. ¿Quiénes de los siguientes están sujetos a tutela?

a) Los menores emancipados que estén bajo la patria potestad.

b) Los menores no emancipados que no estén bajo la patria potestad.

c) Los menores emancipados que no estén bajo la patria potestad.

d) Los hijos no emancipados.

8. Tendrán capacidad de obrar ante las Administraciones Públicas las personas jurídicas que ostenten capacidad de obrar con arreglo a las normas civiles. ¿En qué momento adquirirán esta capacidad?

a) Desde el instante mismo en que, con arreglo a derecho, hubiesen quedado válidamente constituidas.

b) Las personas jurídicas adquirirán su capacidad de obrar en los mismos términos que las personas físicas.

c) En el momento en que finalice su personalidad.

d) Las personas jurídicas no tienen capacidad de obrar ante las Administraciones Públicas sino capacidad jurídica.

9. En aplicación del art. 3 de la Ley 39/2015, de 1 de octubre, NO tendrán capacidad de obrar ante las Administraciones Públicas:

a) Las personas físicas incapacitadas.

b) Las personas jurídicas que ostenten capacidad de obrar con arreglo a las normas civiles.

c) Los menores incapacitados, cuando la extensión de la incapacitación afecte al ejercicio y defensa de los derechos e intereses cuya actuación les estuviese permitida por el ordenamiento jurídico, sin la asistencia de la persona que ejerza la patria potestad, tutela o curatela.

d) Las asociaciones de interés público reconocidas por la ley.

10. Señala la respuesta incorrecta. La Administración está obligada a dictar resolución expresa en todos los procedimientos y a notificarla cualquiera que sea su forma de iniciación. En los casos de prescripción, renuncia del derecho, caducidad del procedimiento o desistimiento de la solicitud, así como la desaparición sobrevenida del objeto del procedimiento, la resolución consistirá, conforme al artículo 21.1 de la Ley 39/2015, de 1 de octubre, de Procedimiento Administrativo Común de las Administraciones Públicas:

a) En la declaración de la circunstancia que concurra en cada caso.

b) Con indicación de los hechos producidos.

c) Con indicación de las normas aplicables.

d) Con indicación de las pruebas practicadas.

11. La Administración está obligada a dictar resolución expresa en todos los procedimientos y a notificarla cualquiera que sea su forma de iniciación. Se exceptúan de esta obligación, de acuerdo con el artículo 21.1 de la Ley 39/2015, de 1 de octubre, de Procedimiento Administrativo Común de las Administraciones Públicas:

a) Los supuestos de terminación del procedimiento por pacto o convenio.

b) Los procedimientos relativos al ejercicio de derechos sometidos únicamente al deber de declaración responsable o comunicación a la Administración.

c) Los procedimientos sancionadores.

d) Las respuestas a) y b) son correctas.

12. El plazo máximo en el que debe notificarse la resolución expresa, conforme al artículo 21.1 de la Ley 39/2015, de 1 de octubre, de Procedimiento Administrativo Común de las Administraciones Públicas será:

a) El fijado por la norma reguladora del correspondiente procedimiento.

b) No podrá exceder de seis meses salvo que una norma con rango de ley establezca uno mayor.

c) No podrá exceder de seis meses salvo que venga previsto en la normativa comunitaria europea.

d) Será de tres meses.

13. De acuerdo con el artículo 21.3.a) de la Ley 39/2015, de 1 de octubre, de Procedimiento Administrativo Común de las Administraciones Públicas, el plazo máximo en el que debe notificarse la resolución expresa se contarán en los procedimientos iniciados de oficio:

a) Desde la fecha del acuerdo de iniciación.

b) Desde la fecha en que la solicitud haya tenido entrada en el registro del órgano competente para su tramitación.

c) Desde la fecha en que la solicitud haya tenido entrada en el registro del órgano receptor de la solicitud.

d) Desde la fecha de notificación del acuerdo de iniciación.

14. El plazo máximo en el que debe notificarse la resolución expresa se contarán en los procedimientos a solicitud del interesado:

a) Desde la fecha del acuerdo de iniciación.

b) Desde la fecha en que la solicitud haya tenido entrada en el registro del órgano competente para su tramitación o desde la fecha en que la solicitud haya tenido entrada en el registro electrónico de la Administración u Organismo competente para su tramitación.

c) Desde la fecha en que la solicitud haya tenido entrada en el registro del órgano receptor de la solicitud.

d) Desde la fecha de notificación del acuerdo de iniciación.

15. En todo caso, las Administraciones Públicas informarán a los interesados del plazo máximo normativamente establecido para la resolución y notificación de los procedimientos, así como de los efectos que pueda producir el silencio administrativo, incluyendo dicha mención en la notificación o publicación del acuerdo de iniciación de oficio, o en comunicación que se les dirigirá al efecto dentro de:

a) Los diez días siguientes a la recepción de la solicitud en el registro del órgano competente para su tramitación.

b) Los diez días siguientes a la recepción de la solicitud en el registro del órgano receptor.

c) Los diez días naturales siguientes a la recepción de la solicitud en el registro del órgano competente para su tramitación o en el registro electrónico de la Administración u Organismo competente para su tramitación.

d) Los diez días naturales siguientes a la recepción de la solicitud en el registro del órgano receptor.

16. Conforme al artículo 30.2 de la Ley 39/2015, de 1 de octubre, de Procedimiento Administrativo Común de las Administraciones Públicas, siempre que por ley o en el Derecho de la Unión Europea no se exprese otra cosa, cuando los plazos se señalen por días, se entiende que estos son:

a) Hábiles, excluyéndose del cómputo los sábados, domingos y los declarados festivos.

b) Naturales, y se hará constar esta circunstancia en las correspondientes notificaciones.

c) Hábiles, excluyéndose del cómputo los domingos y los declarados festivos.

d) De fecha a fecha.

17. Señala la respuesta incorrecta. De acuerdo con el artículo 30.2 de la Ley 39/2015, de 1 de octubre, de Procedimiento Administrativo Común de las Administraciones Públicas, si el plazo se fija en meses o años, estos se computarán:

a) A partir del día siguiente a aquel en que tenga lugar la notificación del acto de que se trate.

b) A partir del día siguiente a aquel en que tenga lugar la publicación del acto de que se trate.

c) Desde el día siguiente a aquel en que se produzca la estimación o desestimación por silencio administrativo.

d) Desde el día en que se produzca la estimación o desestimación por silencio administrativo.

18. Los registros telemáticos permitirán la entrada de documentos electrónicos a través de redes abiertas de telecomunicación todos los días del año:

a) Durante las veinticuatro horas del día.

b) Desde las 20 a las 24 horas.

c) Desde las 00 hasta las 8 horas.
d) Desde las 15 hasta las 24 horas.

19. En el procedimiento administrativo, si los plazos se expresan en días, conforme a la Ley 39/2015, de 1 de octubre, del Procedimiento Administrativo Común de las Administraciones Públicas:

a) Se entenderán hábiles excluyéndose los domingos.
b) Se entenderán hábiles excluyéndose los sábados, los domingos y festivos.
c) Se entenderán naturales.
d) Se computarán todos los días del plazo.

20. Si en el mes de vencimiento, no hubiera día equivalente a aquel en que comienza el plazo, este plazo se entenderá que expira:

a) El subsiguiente día hábil.
b) El primer día del mes sucesivo.
c) El día siguiente.
d) El último día del mes.

21. Si el último día del plazo en meses o en años fuere inhábil:

a) Se computa el plazo hasta el último día hábil.
b) Se computará el plazo con un día menos.
c) Se prorrogará al primer día hábil siguiente.
d) Al computarse de fecha a fecha se incluirá en el cómputo.

22. Los plazos expresados en días comenzarán a computarse:

a) A partir del día de la fecha de la notificación.
b) A partir del día siguiente a aquel en que tenga lugar la notificación o publicación del acto de que se trate.
c) A partir de la fecha indicada en la notificación.
d) A partir de la fecha en que se haya dictado.

23. Tal y como establece la Ley 39/2015, de 1 de octubre, cuando los plazos se señalen por horas, se entienden que son hábiles:

a) Todas las horas del día que formen parte de un día hábil.
b) Desde las 9:00 hasta 20:00 horas de cada día hábil.
c) Los plazos se computan por días, no por horas.
d) Todas las horas del día que formen parte un día (excepto domingos y festivos).

24. Señala la respuesta incorrecta. Según el artículo 35 de la Ley 39/2015, de 1 de octubre, de Procedimiento Administrativo Común de las Administraciones Públicas, serán motivados, con sucinta referencia de hechos y fundamentos de Derecho:

a) Los actos que limiten derechos subjetivos o intereses legítimos.

b) Los actos que resuelvan procedimientos de revisión de oficio de disposiciones o actos administrativos, recursos administrativos, reclamaciones previas a la vía judicial y procedimientos de arbitraje.

c) Los actos que se separen del criterio seguido en actuaciones precedentes o del dictamen de órganos consultivos.

d) Los actos declarativos de derechos.

25. De acuerdo con el artículo 39 de la Ley 39/2015, de 1 de octubre, de Procedimiento Administrativo Común de las Administraciones Públicas, con carácter general, los actos de las Administraciones Públicas sujetos al Derecho Administrativo se presumirán válidos y producirán efectos desde:

a) La fecha en que se dicten, salvo que en ellos se disponga otra cosa.

b) Su notificación.

c) Su publicación.

d) La aprobación superior.

26. De acuerdo con el artículo 47 de la Ley 39/2015, de 1 de octubre, de Procedimiento Administrativo Común de las Administraciones Públicas, los actos de las Administraciones Públicas son nulos de pleno derecho en los casos siguientes:

a) Los actos de la Administración que incurran en cualquier infracción del ordenamiento jurídico.

b) Los actos dictados por órgano manifiestamente incompetente por razón de la jerarquía.

c) Los actos que tengan un contenido imposible.

d) Los actos de la Administración que incurran en desviación de poder.

27. Son anulables, de acuerdo con el artículo 48.1 de la Ley 39/2015, de 1 de octubre, de Procedimiento Administrativo Común de las Administraciones Públicas:

a) Los actos de la Administración que incurran en cualquier infracción del ordenamiento jurídico, incluso la desviación de poder.

b) Los actos dictados prescindiendo total y absolutamente del procedimiento legalmente establecido o de las normas que contienen las reglas esenciales para la formación de la voluntad de los órganos colegiados.

c) Los actos expresos o presuntos contrarios al ordenamiento jurídico por los que se adquieren facultades o derechos cuando se carezca de los requisitos esenciales para su adquisición.

d) Los actos dictados por órgano manifiestamente incompetente por razón de la materia.

28. Conforme con el artículo 48.2 de la Ley 39/2015, de 1 de octubre, de Procedimiento Administrativo Común de las Administraciones Públicas, el defecto de forma de los actos de las Administraciones Públicas solo determinará la anulabilidad:

a) Siempre.

b) Nunca.

c) Cuando el acto carezca de los requisitos formales, dando lugar a la indefensión de los interesados.

d) Cuando el acto administrativo se notifique fuera de plazo, no siendo esencial el término o plazo.

29. La Administración podrá convalidar los actos anulables, subsanando los vicios de que adolezcan. Si el vicio consistiera en incompetencia no determinante de nulidad, la convalidación podrá realizarse, de conformidad con el artículo 52.3 de la Ley 39/2015, de 1 de octubre, de Procedimiento Administrativo Común de las Administraciones Públicas, por:

a) El órgano competente cuando sea inferior jerárquico del que dictó el acto viciado.

b) El órgano competente cuando sea superior jerárquico del que dictó el acto viciado.

c) El órgano competente por razón de la materia.

d) El órgano competente por razón del territorio.

30. Son actos anulables de acuerdo con el artículo 48 de la Ley 39/2015, de 1 de octubre, de Procedimiento Administrativo Común de las Administraciones Públicas:

a) Los de contenido imposible.

b) Los que carezcan de los requisitos formales indispensables para alcanzar su fin.

c) Los dictados prescindiendo total y absolutamente de los procedimientos legalmente establecidos para ellos.

d) Los dictados prescindiendo total y absolutamente del procedimiento establecido por las normas que contienen las reglas esenciales para la formación de la voluntad de los órganos colegiados.

31. De todas las resoluciones citadas a continuación, ¿cuáles de ellas no necesitarán ser motivadas?

a) Las que sigan el criterio seguido en actuaciones precedentes.

b) Los acuerdos de suspensión de actos.

c) Las que se dicten en el ejercicio de potestades discrecionales.

d) Las que resuelvan los recursos.

32. ¿En qué casos un defecto de forma determinará la anulabilidad del acto?

a) Cuando carezcan de los requisitos formales indispensables para alcanzar su fin o dé lugar a indefensión.

b) Cuando sean insubsanables.

c) Solo en los casos en los que se dé lugar a indefensión.
d) Solo cuando carezcan de los requisitos formales indispensables.

33. Como norma general, los actos administrativos serán válidos y producirán efectos salvo que, en ellos, se disponga otra cosa:

a) Los 20 días de dictarse el acto.
b) Desde que se aprueben por el superior jerárquico.
c) Desde la publicación en el Boletín correspondiente.
d) Desde que se dicten.

34. La nulidad o anulabilidad en parte del acto administrativo:

a) Implicará la de las partes del mismo independientes de aquella.
b) Implicará la de las partes del mismo independientes de aquella, salvo cuando la administración proceda a la convalidación del acto.
c) No implicará necesariamente la de las partes del mismo independientes de aquella.
d) No implicará la de los sucesivos en el procedimiento que sean independientes del primero.

35. Los actos de las Administraciones Públicas no son nulos de pleno derecho en los casos siguientes:

a) Los que lesionen los derechos y libertades susceptibles de amparo constitucional.
b) Los que tengan un contenido imposible.
c) Los dictados prescindiendo total y absolutamente del procedimiento legalmente establecido o de las normas que contienen las reglas esenciales para la formación de la voluntad de los órganos colegiados.
d) Los que sean constitutivos de infracción administrativa y se dicten como consecuencia de esta.

36. Los que tuvieren la condición de interesados en un procedimiento administrativo, podrán conocer del estado de la tramitación del mismo:

a) En el trámite de audiencia.
b) En el trámite de información pública.
c) En cualquier momento
d) Solo cuando lo permita el instructor del procedimiento.

37. ¿En qué título de la Ley 39/2015, de 1 de octubre, del Procedimiento Administrativo Común de las Administraciones Públicas, se tratan las disposiciones sobre el procedimiento administrativo común?

a) Título I.
b) Título II.
c) Título III.
d) Título IV.

38. En relación a las medidas provisionales, no es cierto que:

a) Solo podrán adoptarse antes de iniciarse el procedimiento administrativo.

b) Las medidas provisionales podrán ser alzadas o modificadas durante la tramitación del procedimiento, de oficio o a instancia de parte, en virtud de circunstancias sobrevenidas o que no pudieron ser tenidas en cuenta en el momento de su adopción.

c) Se extingan cuando surta efectos la resolución administrativa que ponga fin al procedimiento correspondiente.

d) No se podrán adoptar medidas provisionales que puedan causar perjuicio de difícil o imposible reparación a los interesados o que impliquen violación de derechos amparados por las leyes.

39. Una vez adoptadas medidas provisionales antes de la iniciación del procedimiento, deberán ser confirmadas, modificadas o levantadas en el acuerdo de iniciación del procedimiento, que deberá efectuarse a partir de su adopción, dentro de:

a) Los 10 días siguientes.
b) Los 15 días siguientes.
c) Los 20 días siguientes.
d) Los 30 días siguientes.

40. Iniciado el procedimiento, el órgano administrativo competente para resolver, podrá adoptar, de oficio o a instancia de parte y de forma motivada, las medidas provisionales que estime oportunas para asegurar la eficacia de la resolución que pudiera recaer, si existiesen elementos de juicio suficientes para ello, de acuerdo con los principios de (señalar la respuesta incorrecta):

a) Efectividad.
b) Menor onerosidad.
c) Intencionalidad.
d) Proporcionalidad.

41. En relación a la acumulación de procedimientos regulada en el artículo 57 de la LPACAP, no es cierto que:

a) Los procedimientos tengan que guardar identidad sustancial o íntima conexión.

b) Contra el acuerdo de acumulación no proceda recurso alguno.

c) Que deba ser el mismo órgano que dispone la acumulación quien deba tramitar y resolver el procedimiento.

d) La acumulación siempre se deberá disponer de oficio.

42. La propuesta de iniciación del procedimiento formulada por cualquier órgano administrativo que no tiene competencia para iniciar el mismo y que ha tenido conocimiento de las circunstancias, conductas o hechos objeto del procedimiento, bien ocasionalmente o bien por tener atribuidas funciones de inspección, averiguación o investigación:

a) Vincula al órgano competente para iniciar el procedimiento, en todo caso.

b) Faculta al órgano competente a ceder al órgano que la formuló la competencia para iniciar el procedimiento, guardándose él la instrucción y resolución del mismo.

c) No vincula al órgano competente para iniciar el procedimiento, si bien deberá comunicar al órgano que la hubiera formulado los motivos por los que, en su caso, no procede la iniciación.

d) Vincula al órgano competente para iniciar el procedimiento, si el órgano que formuló la propuesta de iniciación pertenece a la misma Administración.

43. En relación al inicio del procedimiento por denuncia, es cierto que:

a) Si los hechos pudieran constituir una infracción administrativa, la denuncia deberá recoger la identificación de los presuntos responsables para que se pueda iniciar el procedimiento.

b) Cuando la denuncia invocara un perjuicio en el patrimonio de las Administraciones Públicas no se podrá dictar la no iniciación del procedimiento.

c) Cuando el denunciante haya participado en la comisión de una infracción de esta naturaleza y existan otros infractores, el órgano competente para resolver el procedimiento no podrá eximir al denunciante del pago de la multa u otro tipo de sanción de carácter no pecuniario que le correspondiera a cambio de aportar elementos de prueba que permitan iniciar el procedimiento o comprobar la infracción.

d) La presentación de una denuncia no confiere, por sí sola, la condición de interesado en el procedimiento.

44. Los procedimientos administrativos se iniciarán:

a) Únicamente de oficio.

b) Únicamente a solicitud de personas interesadas.

c) De oficio o a solicitud de personas interesadas.

d) A solicitud de cualquier persona, aunque no sea interesada.

45. Si la solicitud de iniciación del procedimiento no reúne los requisitos exigidos por la legislación aplicable, se requerirá al interesado para que subsane la falta o acompañe los documentos preceptivos, en un plazo de:

a) 7 días.

b) 10 días.

c) 15 días.

d) 20 días.

46. El documento mediante el que los interesados ponen en conocimiento de la Administración Pública competente sus datos identificativos o cualquier otro dato relevante para el inicio de una actividad o el ejercicio de un derecho, es denominado en la LPACAP:

a) Declaración responsable.
b) Comunicación.
c) Solicitud.
d) Instancia.

47. En relación a la declaración responsable y la comunicación, es cierto que:

a) Ambas deben presentarse antes del inicio de la actividad.
b) La declaración responsable podrá presentarse dentro de un plazo posterior al inicio de la actividad.
c) La comunicación podrá presentarse dentro de un plazo posterior al inicio de la actividad cuando la legislación correspondiente lo prevea expresamente.
d) Ambas podrán presentarse dentro de un plazo posterior al inicio de la actividad.

48. El procedimiento, sometido al principio de celeridad, se impulsará de oficio en todos sus trámites y a través de medios electrónicos, respetando los principios de:

a) Transparencia y publicidad.
b) Coordinación y operatividad.
c) Sigilo y seguridad jurídica.
d) Efectividad y proporcionalidad.

49. Salvo en el caso de que en la norma correspondiente se fije plazo distinto, los trámites que deban ser cumplimentados por los interesados deberán realizarse a partir del siguiente al de la notificación del correspondiente acto, en el plazo de:

a) 5 días.
b) 7 días.
c) 10 días.
d) 15 días.

50. Las cuestiones incidentales que se susciten en el procedimiento:

a) No suspenderán la tramitación del mismo, excepto las que se refieran a la nulidad de actuaciones.
b) Salvo la recusación; no suspenderán la tramitación del procedimiento, incluso las que se refieran a la nulidad de actuaciones.
c) Suspenderán la tramitación del procedimiento, excepto la recusación y las que se refieran a la nulidad de actuaciones.
d) Suspenderán la tramitación del procedimiento, incluso la recusación y las cuestiones incidentales que se refieran a la nulidad de actuaciones.

51. El artículo 77 de la LPACAP prevé un período extraordinario de prueba a petición de los interesados, que podrá acordar el instructor cuando lo considere necesario, por un plazo:

a) No inferior a 10 días.
b) No superior a treinta días ni inferior a diez.
c) No superior a 10 días.
d) De 10 días.

52. Salvo que una disposición o el cumplimiento del resto de los plazos del procedimiento permita o exija otro plazo mayor o menor, los informes deben emitirse a través de medios electrónicos en el plazo de:

a) 10 días.
b) 15 días.
c) 20 días.
d) 30 días.

53. El órgano al que corresponda la resolución del procedimiento, cuando la naturaleza de este lo requiera, podrá acordar un período de información pública que se anunciará en el Diario Oficial correspondiente, determinando el plazo para formular alegaciones, que en ningún caso podrá ser:

a) Superior a 30 días.
b) Inferior a 10 días.
c) Inferior a 20 días.
d) Superior a 20 días.

54. En relación a la resolución del procedimiento, no es cierto que:

a) La resolución que ponga fin al procedimiento deba decidir todas las cuestiones planteadas por los interesados y aquellas otras derivadas del mismo.
b) En los procedimientos tramitados a solicitud del interesado, la resolución será congruente con las peticiones formuladas por este, pudiéndose agravar su situación inicial.
c) La aceptación de informes o dictámenes servirá de motivación a la resolución cuando se incorporen al texto de la misma.
d) Sin perjuicio de la forma y lugar señalados por el interesado para la práctica de las notificaciones, la resolución del procedimiento se dictará electrónicamente.

55. El plazo máximo en el que debe notificarse la resolución expresa será el fijado por la norma reguladora del correspondiente procedimiento. Salvo que una norma con rango de Ley establezca uno mayor o así venga previsto en el Derecho de la Unión Europea este plazo no podrá exceder de:

a) 2 meses.
b) 3 meses.

c) 4 meses.
d) 6 meses.

56. Cuando una Administración Pública requiera a otra para que anule o revise un acto que entienda que es ilegal y que constituya la base para el que la primera haya de dictar en el ámbito de sus competencias:

a) Podrá suspender el transcurso del plazo máximo legal para resolver el procedimiento y notificar la resolución.
b) Suspenderá el transcurso del plazo máximo legal para resolver el procedimiento y notificar la resolución.
c) Podrá anular el procedimiento.
d) Deberá anular el procedimiento.

57. La resolución que ponga fin al procedimiento decidirá todas las cuestiones planteadas por los interesados y aquellas otras derivadas del mismo. Cuando se trate de cuestiones conexas que no hubieran sido planteadas por los interesados, el órgano competente podrá pronunciarse sobre las mismas, poniéndolo antes de manifiesto a aquellos, para que formulen las alegaciones que estimen pertinentes y aporten, en su caso, los medios de prueba, por un plazo:

a) De 10 días.
b) Máximo de 10 días.
c) De 15 días.
d) Máximo de 15 días.

58. En los procedimientos iniciados a solicitud del interesado, el vencimiento del plazo máximo sin haberse notificado resolución expresa, legitima al interesado o interesados para entenderla:

a) Desestimada por silencio administrativo.
b) Desestimada por silencio administrativo, excepto en los supuestos en los que una norma con rango de ley o una norma de Derecho de la Unión Europea o de Derecho internacional aplicable en España establezcan lo contrario.
c) Estimada por silencio administrativo.
d) Estimada por silencio administrativo, excepto en los supuestos en los que una norma con rango de ley o una norma de Derecho de la Unión Europea o de Derecho internacional aplicable en España establezcan lo contrario.

59. De acuerdo con la LPACAP, en los procedimientos iniciados a solicitud de los interesados, estos podrán entender estimadas por silencio administrativo sus solicitudes:

a) En todos los casos, sin excepción alguna.
b) En los procedimientos de ejercicio del derecho de petición a que se refiere el artículo 29 de la Constitución.

c) En todos los casos, salvo que una norma con rango de Ley o norma de Derecho Comunitario Europeo establezca lo contrario.

d) En los procedimientos de impugnación de actos y disposiciones.

60. La LPACAP establece que en los procedimientos iniciados de oficio la falta de resolución expresa:

a) Exime a la Administración del cumplimiento de la obligación legal de resolver.

b) En procedimientos que reconozcan derechos, los interesados que hubieran comparecido podrán entender desestimadas sus pretensiones por silencio administrativo.

c) En procedimientos que reconozcan derechos, los interesados que hubieran comparecido podrán entender estimadas sus pretensiones por silencio administrativo.

d) En procedimientos en que la Administración ejercite potestades sancionadoras susceptibles de producir efectos de gravamen, no se producirá la caducidad.

61. En los Procedimientos iniciados a solicitud del interesado, paralizados por causa imputable al mismo, se producirá la caducidad del procedimiento una vez haya transcurrido desde la advertencia al interesado por parte de la Administración:

a) 1 mes.
b) 2 meses.
c) 3 meses.
d) 15 días.

62. Salvo que reste menos para su tramitación ordinaria, los procedimientos administrativos tramitados de manera simplificada deberán ser resueltos en un plazo, a contar desde el siguiente al que se notifique al interesado el acuerdo de tramitación simplificada del procedimiento, de:

a) 15 días.
b) 20 días.
c) 30 días.
d) 2 meses.

63. Los interesados podrán solicitar la tramitación simplificada del procedimiento. Si el órgano competente para la tramitación aprecia que no concurre alguna de las razones que lo aconsejen, podrá desestimar dicha solicitud en el plazo desde su presentación, de:

a) 5 días.
b) 7 días.
c) 10 días.
d) 15 días.

64. ¿Incluyen el trámite de audiencia los procedimientos administrativos tramitados de manera simplificada?

a) No, si la tramitación simplificada ha sido acordada por solicitud de los interesados.
b) Sí, en todo caso.
c) No, en ningún caso.
d) Únicamente cuando la resolución vaya a ser desfavorable para el interesado.

65. Contra una disposición administrativa de carácter general es posible interponer el siguiente recurso administrativo:

a) Alzada.
b) De revisión.
c) Económico-administrativo.
d) Ninguno.

66. Contra los actos firmes en vía administrativa el único recurso administrativo que se puede interponer es:

a) El de reposición.
b) El extraordinario de revisión.
c) El de alzada.
d) Ninguno.

67. Las resoluciones de los órganos administrativos que carezcan de superior jerárquico:

a) No agotan la vía administrativa.
b) Son firmes.
c) Son susceptibles de recurso de alzada.
d) Ponen fin a la vía administrativa.

68. La indicación del medio a través del cual deben efectuarse las notificaciones, en el escrito de interposición de un recurso administrativo:

a) Es obligatoria para el particular.
b) No es necesaria.
c) Se deja al arbitrio de la Administración Pública.
d) Es facultativa para el interesado.

69. Cuando, habiéndose recurrido un acto por vicio de forma, el órgano competente para resolverlo no estime procedente resolver sobre el fondo:

a) Se ordenará la retroacción del procedimiento al momento en que el vicio se cometió, como regla general.
b) Convalidará dicho vicio.

c) Declarará la inadmisibilidad del recurso.

d) Optará por alguna de las anteriores medidas.

70. Si el órgano que debe resolver un recurso se encuentra con cuestiones nuevas que no han sido alegadas por los interesados:

a) Devolverá el expediente para que se dicte un nuevo acto, teniendo en cuenta dichas cuestiones.

b) Decidirá el recurso, aunque se agrave la situación del recurrente, pero dándole previa audiencia.

c) No las tendrá en cuenta a la hora de resolver.

d) Nada de lo expuesto es correcto.

71. La sustitución del recurso de alzada por un procedimiento de arbitraje:

a) Es la regla general.

b) Puede ser legal.

c) Está prohibido.

d) Es nula de pleno derecho.

72. Si el recurso de alzada se presenta ante el mismo órgano que dictó el acto recurrido:

a) Lo remitirá al órgano decisor.

b) Declarará su inadmisibilidad.

c) Lo desestimará.

d) Resolverá el mismo.

73. Una circunstancia que debe darse en un acto para que proceda contra el mismo el recurso de alzada es que:

a) Agote la vía administrativa.

b) No sea definitivo en vía administrativa.

c) No sea susceptible de otro recurso.

d) Sea de trámite no cualificado.

74. El plazo de interposición del recurso de alzada es de:

a) Quince días.

b) Un mes, si el acto recurrido es expreso.

c) Dos meses.

d) Depende de los casos.

75. Para que se entienda positivo el silencio administrativo en el recurso de alzada:

a) Basta con que no se conteste el recurso en el plazo establecido.

b) Ha de no contestarse el recurso que se plantee contra un acto presunto.

c) El acto ha de ser no declarativo de derechos.

d) Ha de ser un acto contra el que no es posible interponer el recurso de revisión.

76. El plazo para entender desestimado por silencio administrativo el recurso de reposición es de:

a) Un mes.

b) Tres meses.

c) Dos meses.

d) Ninguno, al ser el silencio de carácter positivo.

77. Una característica de los actos contra los que es posible interponer recurso de revisión es que son:

a) Firmes.

b) Susceptibles de recurso ordinario.

c) Erróneos desde el punto de vista jurídico.

d) Todo lo anterior es cierto.

78. Se puede plantear el recurso de revisión en el plazo de cuatro años desde que se notificó el acto recurrido en el caso de que:

a) El acto no sea firme.

b) Al dictar el acto se haya incurrido en error de hecho que resulte de los propios documentos incorporados al expediente.

c) El recurso se base en cualquiera de los restantes supuestos que la Ley recoge.

d) Recaiga sentencia judicial firme declarando la ilegalidad del acto.

79. La terminación presunta del recurso de revisión se dará:

a) A los tres meses de su interposición.

b) Al mes de su interposición.

c) No cabe.

d) Solo en el supuesto de que se base en manifiesto error de derecho.

80. El recurso de revisión por manifiesto error de hecho debe plantearse:

a) A los tres meses desde que se produjo.

b) A los cuatro años desde que se conoció.

c) Dentro de los cuatro años desde la notificación del acto.

d) No puede darse nunca aisladamente.

81. La revisión de los actos por los recursos administrativos:

a) Corresponde a la propia Administración Pública.

b) Supone una actuación excepcional por la Administración Pública sobre sus actos firmes.

c) Compete a los órganos jurisdiccionales de lo contencioso-administrativo.

d) Se da solo en supuestos tasados y límites.

82. El recurso de alzada contra el acto de un órgano administrativo que actúa por delegación lo resuelve:

a) Este mismo órgano.

b) Este mismo órgano en virtud de la delegación que ostenta.

c) Su superior jerárquico.

d) Nada de lo anterior es cierto.

83. Para plantear un recurso administrativo:

a) Hay que tener capacidad jurídica, sin requerirse la capacidad de obrar.

b) Basta con la capacidad de obrar.

c) Se requiere, siempre, ser titular de un derecho subjetivo afectado por el acto que se recurre.

d) Ha de ostentarse la condición de interesado.

84. Cuando existan terceros interesados en un acto recurrido:

a) Deben personarse en el expediente que se siga tras el recurso.

b) Debe enviárseles copia del recurso, conminándoles a personarse.

c) El envío de la copia se efectúa para que realicen, si lo desean, las alegaciones que estimen oportunas.

d) Al no ser los que interponen el recurso, no es necesario darles cuenta de este.

85. La revocación por la Administración Pública de un acto administrativo de gravamen o no declarativo de derechos:

a) Ha de efectuarse a instancia de los particulares.

b) Está prohibida.

c) Se puede efectuar en cualquier momento, siempre que no se infrinja el ordenamiento jurídico.

d) Requiere previo dictamen del Consejo de Estado.

86. En la Administración General del Estado, la revisión de oficio de un acto dictado por un Secretario de Estado compete al:

a) Consejo de Ministros.

b) Ministro respectivo.

c) Presidente del Gobierno de la Nación.

d) Ministro de la Presidencia.

87. Un acto anulable puede ser revisado de oficio por la Administración Pública, una vez transcurridos cuatro años desde que se dictó:

a) Sí, cuando así lo dictamine el Consejo de Estado.
b) No.
c) Sí, cuando incurra en nulidad de pleno derecho y así lo dictamine el Consejo de Estado.
d) Sí, cuando la ilegalidad sea manifiesta y así lo dictamine el Consejo de Estado.

88. Entre los límites de la revisión de los actos administrativos se encuentra:

a) La prescripción de la acción.
b) Su ilegalidad manifiesta.
c) Que atente a derechos subjetivos.
d) Que incurra en nulidad de pleno derecho.

89. El dictamen del Consejo de Estado manifestando que existe una nulidad de pleno derecho en un acto, respecto a su revisión de oficio, es:

a) Facultativo y no vinculante.
b) Preceptivo y vinculante.
c) Preceptivo y no vinculante.
d) Facultativo y vinculante.

Solución al test n.º 3

1. c) El artículo 149.1.18 de la Constitución española de 1978.

2. d) La validez de un acto administrativo se refiere a la adecuación a derecho de todos sus elementos.

3. d) Sí.

4. d) A la capacidad de obrar.

5. c) Sí, para el ejercicio y defensa de aquellos de sus derechos e intereses cuya actuación esté permitida por el ordenamiento jurídico sin la asistencia de la persona que ejerza la patria potestad, tutela o curatela, aunque sean menores incapacitados, siempre que la extensión de la incapacitación no afecte al ejercicio y defensa de los derechos o intereses de que se trate.

6. c) Los hijos emancipados están bajo la patria potestad de los progenitores.

7. b) Los menores no emancipados que no estén bajo la patria potestad.

8. a) Desde el instante mismo en que, con arreglo a derecho, hubiesen quedado válidamente constituidas.

9. a) Las personas físicas incapacitadas.

10. d) Con indicación de las pruebas practicadas.

11. d) Las respuestas a) y b) son correctas.

12. a) El fijado por la norma reguladora del correspondiente procedimiento.

13. a) Desde la fecha del acuerdo de iniciación.

14. b) Desde la fecha en que la solicitud haya tenido entrada en el registro del órgano competente para su tramitación o desde la fecha en que la solicitud haya tenido entrada en el registro electrónico de la Administración u Organismo competente para su tramitación.

15. a) Los diez días siguientes a la recepción de la solicitud en el registro del órgano competente para su tramitación.

16. a) Hábiles, excluyéndose del cómputo los sábados, domingos y los declarados festivos.

17. d) Desde el día en que se produzca la estimación o desestimación por silencio administrativo.

18. a) Durante las veinticuatro horas del día.

19. b) Se entenderán hábiles excluyéndose los sábados, los domingos y festivos.

20. d) El último día del mes.

21. c) Se prorrogará al primer día hábil siguiente.

22. b) A partir del día siguiente a aquel en que tenga lugar la notificación o publicación del acto de que se trate.

23. a) Todas las horas del día que formen parte de un día hábil.

24. d) Los actos declarativos de derechos.

25. a) La fecha en que se dicten, salvo que en ellos se disponga otra cosa.

26. c) Los actos que tengan un contenido imposible.

27. a) Los actos de la Administración que incurran en cualquier infracción del ordenamiento jurídico, incluso la desviación de poder.

28. c) Cuando el acto carezca de los requisitos formales, dando lugar a la indefensión de los interesados.

29. b) El órgano competente cuando sea superior jerárquico del que dictó el acto viciado.

30. b) Los que carezcan de los requisitos formales indispensables para alcanzar su fin.

31. a) Las que sigan el criterio seguido en actuaciones precedentes.

32. a) Cuando carezcan de los requisitos formales indispensables para alcanzar su fin o dé lugar a indefensión.

33. d) Desde que se dicten.

34. d) No implicará la de los sucesivos en el procedimiento que sean independientes del primero.

35. d) Los que sean constitutivos de infracción administrativa y no se dicten como consecuencia de esta.

36. c) En cualquier momento.

37. d) Título IV.

38. a) Solo podrán adoptarse antes de iniciarse el procedimiento administrativo.

39. b) Los 15 días siguientes.

40. c) Intencionalidad.

41. d) La acumulación siempre se deberá disponer de oficio.

42. c) No vincula al órgano competente para iniciar el procedimiento, si bien deberá comunicar al órgano que la hubiera formulado los motivos por los que, en su caso, no procede la iniciación.

43. d) La presentación de una denuncia no confiere, por sí sola, la condición de interesado en el procedimiento.

44. c) De oficio o a solicitud de personas interesadas.

45. b) 10 días.

46. b) Comunicación.

47. c) La comunicación podrá presentarse dentro de un plazo posterior al inicio de la actividad cuando la legislación correspondiente lo prevea expresamente.

48. a) Transparencia y publicidad.

49. c) 10 días.

50. b) Salvo la recusación; no suspenderán la tramitación del procedimiento, incluso las que se refieran a la nulidad de actuaciones.

51. c) No superior a 10 días.

52. a) 10 días.

53. c) Inferior a 20 días.

54. b) En los procedimientos tramitados a solicitud del interesado, la resolución será congruente con las peticiones formuladas por este, pudiéndose agravar su situación inicial.

55. d) 6 meses.

56. b) Suspenderá el transcurso del plazo máximo legal para resolver el procedimiento y notificar la resolución.

57. d) Máximo de 15 días.

58. d) Estimada por silencio administrativo, excepto en los supuestos en los que una norma con rango de ley o una norma de Derecho de la Unión Europea o de Derecho Internacional aplicable en España establezcan lo contrario.

59. c) En todos los casos, salvo que una norma con rango de Ley o norma de Derecho Comunitario Europeo establezca lo contrario.

60. b) En procedimientos que reconozcan derechos, los interesados que hubieran comparecido podrán entender desestimadas sus pretensiones por silencio administrativo.

61. c) 3 meses.

62. c) 30 días.

63. a) 5 días.

64. d) Únicamente cuando la resolución vaya a ser desfavorable para el interesado.

65. d) Ninguno.

66. b) El extraordinario de revisión.

67. d) Ponen fin a la vía administrativa.

68. a) Es obligatoria para el particular.

69. a) Se ordenará la retroacción del procedimiento al momento en que el vicio se cometió, como regla general.

70. d) Nada de lo expuesto es correcto.

71. b) Puede ser legal.

72. a) Lo remitirá al órgano decisor.

73. b) No sea definitivo en vía administrativa.

74. b) Un mes, si el acto recurrido es expreso.

75. b) Ha de no contestarse el recurso que se plantee contra un acto presunto.

76. a) Un mes.

77. a) Firmes.

78. b) Al dictar el acto se haya incurrido en error de hecho que resulte de los propios documentos incorporados al expediente.

79. a) A los tres meses de su interposición.

80. c) Dentro de los cuatro años desde la notificación del acto.

81. a) Corresponde a la propia Administración Pública.

82. d) Nada de lo anterior es cierto.

83. d) Ha de ostentarse la condición de interesado.

84. c) El envío de la copia se efectúa para que realicen, si lo desean, las alegaciones que estimen oportunas.

85. c) Se puede efectuar en cualquier momento, siempre que no se infrinja el ordenamiento jurídico.

86. b) Ministro respectivo.

87. b) No.

88. a) La prescripción de la acción.

89. b) Preceptivo y vinculante.

TEST N.º 4

**Ley 1/2016, de 18 de enero, de Transparencia y Buen Gobierno:
Título Preliminar, Capítulos I, II, IV y V del Título I
y Secciones 1ª, 2ª y 3ª del Capítulo I del Título II**

1. ¿Qué ley tiene por objeto regular la transparencia y publicidad en la actividad pública?

a) La Ley 9/1996, de 21 de mayo.
b) La Ley 4/2006, de 13 de octubre.
c) La Ley 1/2016, de 18 de enero.
d) La Ley 14/2016, de 2 de marzo.

2. ¿En virtud de qué principio de la Ley de Transparencia y Buen Gobierno, toda la información pública es accesible y relevante, y toda persona tiene acceso libre y gratuito a la misma?

a) El principio de publicidad.
b) El principio de transparencia.
c) El principio de objetividad.
d) El principio de legalidad.

3. La resolución en la que se conceda o deniegue el acceso deberá notificarse, a la persona solicitante y a los terceros afectados que así lo hubiesen solicitado, lo antes posible y, como más tarde:

a) En el plazo máximo de un mes desde la recepción de la solicitud por el órgano competente para resolver.
b) En el plazo máximo de tres meses desde la recepción de la solicitud por el órgano competente para resolver.
c) En el plazo máximo de cinco meses desde la recepción de la solicitud por el órgano competente para resolver.
d) En el plazo máximo de seis meses desde la recepción de la solicitud por el órgano competente para resolver.

4. ¿En virtud de qué principio de la Ley de Transparencia y Buen Gobierno, las entidades sujetas al ámbito de aplicación de dicha ley arbitrarán los medios necesarios para poner a disposición de la ciudadanía la información pública en la lengua y a través del medio de acceso que la ciudadanía elija?

a) El principio de reutilización de la información.
b) El principio de igualdad lingüística.
c) El principio de objetividad lingüística y tecnológica.
d) El principio de no discriminación tecnológica ni lingüística.

5. Los instrumentos de ordenación del territorio y los planes urbanísticos, así como sus correspondientes modificaciones y revisiones, deberán ser objeto de publicidad, difundiendo, como mínimo:

a) La clasificación del suelo.
b) La calificación del suelo.
c) La normativa urbanística.
d) Todas las respuestas son correctas.

6. ¿Cada cuánto tiempo la Xunta de Galicia hará público en el Portal de transparencia y Gobierno un informe en el cual se analizarán y expondrán los datos sobre la información más consultada en el Portal, y sobre la más solicitada a través del ejercicio del derecho de acceso?

a) Mensualmente.
b) Trimestralmente.
c) Al menos una vez por semestre.
d) Anualmente.

7. El procedimiento para el ejercicio del derecho de acceso se iniciará con la presentación de la correspondiente solicitud, que deberá dirigirse:

a) A la persona titular del órgano administrativo o entidad que posea la información.
b) A la persona titular de la Consellería de Hacienda.
c) A la persona titular de la Consellería de Presidencia, Administraciones Públicas y Justicia.
d) A la Secretaría General Técnica de la Consellería de Presidencia, Administraciones Públicas y Justicia.

8. ¿Qué plazo concederá el órgano encargado de resolver para que puedan formular alegaciones cuando las solicitudes se refieran a información que afecte a derechos e intereses de terceros?

a) Una semana.
b) Diez días.
c) Quince días.
d) Un mes.

9. ¿Cuál es el órgano independiente al que corresponde la resolución de las reclamaciones frente a las resoluciones de acceso a la información pública?

a) La Comisión Interdepartamental de Información y Evaluación.
b) La Comisión Interdepartamental de Transparencia y Análisis.
c) La Comisión de la Transparencia.
d) La Comisión de Evaluación y Análisis de la Información.

10. ¿En virtud de qué principio de la Ley de Transparencia y Buen Gobierno, la información pública será cierta y exacta, garantizando que procede de documentos con respecto a los cuales se ha verificado su autenticidad, fiabilidad, integridad, disponibilidad y cadena de custodia?

a) El principio de veracidad.
b) El principio de objetividad.
c) El principio de seguridad jurídica.
d) El principio de identidad real.

11. Las disposiciones del Título I (Transparencia de la actividad pública) de la Ley 1/2016, de 18 de enero serán de aplicación a:

a) A las universidades del Sistema universitario de Galicia.
b) Al Valedor del Pueblo.
c) Al Parlamento de Galicia.
d) Todas las respuestas son correctas.

12. Reglamentariamente se determinará el procedimiento que es necesario seguir para el cumplimiento de la obligación de suministrar información, así como las multas coercitivas aplicables en los supuestos en que el requerimiento de información no sea atendido en plazo. Respecto de la multa podemos afirmar que:

a) La multa de 100 a 6.000 euros será reiterada por periodos mensuales hasta un máximo de doce meses.
b) La multa de 100 a 6.000 euros será reiterada por periodos mensuales hasta el cumplimiento.
c) La multa de 100 a 1.000 euros será reiterada por periodos mensuales hasta un máximo de doce meses.
d) La multa de 100 a 1.000 euros será reiterada por periodos mensuales hasta el cumplimiento.

13. En cuanto al total de la multa aplicable en los supuestos en que el requerimiento de información no sea atendido en plazo, no podrá exceder de:

a) El 2,5 % del importe del contrato, subvención o instrumento administrativo que habilite para el ejercicio de las funciones públicas o la prestación de los servicios.
b) El 5 % del importe del contrato, subvención o instrumento administrativo que habilite para el ejercicio de las funciones públicas o la prestación de los servicios.

c) El 7 % del importe del contrato, subvención o instrumento administrativo que habilite para el ejercicio de las funciones públicas o la prestación de los servicios.

d) El 10 % del importe del contrato, subvención o instrumento administrativo que habilite para el ejercicio de las funciones públicas o la prestación de los servicios.

14. En el supuesto de que en el instrumento que habilite para el ejercicio de las funciones públicas o la prestación de los servicios no figurase una cuantía concreta, la multa aplicable en los supuestos en que el requerimiento de información no sea atendido en plazo no excederá de:

a) 1.000 euros.
b) 1.500 euros.
c) 3.000 euros.
d) 6.000 euros.

15. Para la determinación del importe de la multa aplicable en los supuestos en que el requerimiento de información no sea atendido en plazo se atenderá a la gravedad del incumplimiento y al principio de:

a) Proporcionalidad.
b) Igualdad.
c) Menor lesividad.
d) Solidaridad.

16. ¿Qué principio de la Ley de Transparencia y Buen Gobierno supone que las entidades sujetas a lo dispuesto en la presente ley son responsables del cumplimiento de sus prescripciones?

a) El principio de objetividad.
b) El principio de integridad.
c) El principio de honestidad.
d) El principio de responsabilidad.

17. Los sujetos a los que les es de aplicación la Ley 1/2016, de 18 de enero, de Transparencia y Buen Gobierno, en relación con su actividad económico-financiera publicarán:

a) El techo de gasto no financiero aprobado para cada ejercicio.
b) La situación déficit/superávit público sobre producto interior bruto y por habitante.
c) El periodo medio de pago a proveedores.
d) Todas las respuestas son correctas.

18. La Administración general de la Comunidad Autónoma de Galicia y las entidades instrumentales de su sector público harán público:

a) Únicamente el número de vehículos de los que es titular.
b) La relación de bienes de interés cultural, histórico y artístico.

c) El número de vehículos de los que es arrendatario.
d) Todas las respuestas son correctas.

19. Los altos cargos no podrán firmar, ni por sí mismos ni a través de entidades participadas por ellos directa o indirectamente en más del diez por ciento, contratos de asistencia técnica, de servicios o similares con la Administración pública en la que hubieran prestado servicios, siempre que guarden relación directa con las funciones que el alto cargo ejercía, durante:

a) El año siguiente a la fecha de su cese.
b) Los dos años siguientes a la fecha de su cese.
c) Los cinco años siguientes a la fecha de su cese.
d) Los diez años siguientes a la fecha de su cese.

20. La Xunta de Galicia, a través de la consejería competente en materia de Administraciones Públicas, mantendrá un registro de convenios públicos. Cuando dichos convenios impliquen obligaciones económicas para la Hacienda autonómica o para las entidades públicas instrumentales integrantes del sector público autonómico de Galicia, se habrá de señalar con claridad:

a) La persona o entidad destinataria.
b) El objeto del convenio.
c) El importe de las obligaciones económicas.
d) Todas las respuestas son correctas.

21. ¿Qué principio de la Ley 1/2016, de 18 de enero, de Transparencia y Buen Gobierno promulga que tanto la información como los instrumentos y herramientas empleados en su difusión sean comprensibles, utilizables y localizables por todas las personas en condiciones de seguridad y comodidad, así como de la forma más autónoma y natural posible?

a) El principio de difusión universal de la información pública.
b) El principio de accesibilidad universal de la información pública.
c) El principio de libre disponibilidad de la información pública.
d) El principio de transparencia y seguridad de la información pública.

22. Las disposiciones del Título I (Transparencia de la actividad pública) de la Ley 1/2016, de 18 de enero serán de aplicación a:

a) A las corporaciones de derecho público que desarrollen parte de su actividad en el ámbito territorial de la Comunidad Autónoma de Galicia, en lo relativo a sus actividades sujetas a derecho administrativo.
b) Al Consejo de la Cultura Gallega en relación con sus actividades sujetas a derecho administrativo, con excepción de sus actos en materia de personal.
c) A las entidades vinculadas o dependientes de las universidades del Sistema universitario de Galicia.
d) Todas las respuestas son correctas.

23. ¿Cada cuánto tiempo la Xunta de Galicia hará público en el Portal de transparencia y Gobierno un informe en el cual se analizarán y expondrán las estadísticas relativas al derecho de acceso a la información pública, con la inclusión del número de solicitudes presentadas y de los porcentajes de los distintos tipos de resolución a que dieron lugar?

a) Mensualmente.
b) Trimestralmente.
c) Al menos una vez por semestre.
d) Anualmente.

24. ¿Dónde publicará la Xunta de Galicia la relación de los acuerdos aprobados en el Parlamento Autonómico que afecten a sus competencias, detallando la fecha de aprobación y el organismo competente para su cumplimiento?

a) En el Boletín Oficial del Estado (BOE).
b) En el Diario Oficial de Galicia (DOGA).
c) En el Portal de transparencia y Gobierno abierto.
d) En el Portal de Transparencia y Publicidad Activa.

25. La Xunta de Galicia hará público anualmente en el Portal de transparencia y Gobierno abierto un informe en el cual se analizarán y expondrán, entre otros aspectos, los datos sobre la información más consultada en el Portal y sobre la más solicitada a través del ejercicio del derecho de acceso. Dicho informe deberá ser aprobado previamente a su publicación por:

a) La Comisión de la Transparencia.
b) La Comisión Interdepartamental de Transparencia y Análisis.
c) La Comisión de Evaluación y Análisis de la Información.
d) La Comisión Interdepartamental de Información y Evaluación.

26. ¿Quién preside la Comisión de la Transparencia?

a) La persona titular de la Xunta de Galicia.
b) El Presidente o Presidenta del Consejo Consultivo de Galicia.
c) El valedor o valedora del pueblo.
d) El Presidente o Presidenta de la Federación Gallega de Municipios y Provincias.

27. ¿Quién actúa como vicepresidente o vicepresidenta de la Comisión de la Transparencia?

a) El adjunto o adjunta a la institución del Valedor del Pueblo.
b) Una persona representante del Consejo de Cuentas.
c) Una persona representante del Consejo Consultivo de Galicia.
d) El Presidente o Presidenta de la Federación Gallega de Municipios y Provincias.

28. ¿A quién le corresponde, en el ámbito del sector público autonómico, la competencia para la resolución de las solicitudes de acceso?

a) A la persona titular de la secretaría general técnica.
b) A la persona titular de la dirección general o la delegación territorial en el caso de la Administración general de la Comunidad Autónoma.
c) A la persona titular de la secretaría general.
d) Todas las respuestas son correctas.

29. ¿Quién tendrá voto dirimente en la Comisión de la Transparencia en caso de empate?

a) El Presidente o Presidenta de la Federación Gallega de Municipios y Provincias.
b) El Presidente o Presidenta del Consejo Consultivo de Galicia.
c) El Presidente o Presidenta del Consejo de Cuentas.
d) El valedor o valedora del pueblo.

30. Indica cuál de los siguientes no es vocal de la Comisión de la Transparencia:

a) Una persona representante del Sistema universitario de Galicia.
b) Una persona representante del Consejo de Cuentas.
c) Una persona representante de la Comisión Interdepartamental de Información y Evaluación de la Xunta de Galicia.
d) Una persona representante del Consejo Consultivo de Galicia.

31. Tendrán la consideración de cargos públicos a los efectos de la Ley 1/2016, de 18 de enero, de transparencia y buen gobierno:

a) El presidente o presidenta del Consejo Económico y Social.
b) Las directoras y directores generales de la Administración general de la Comunidad Autónoma de Galicia.
c) El personal eventual que, en virtud de nombramiento legal, ejerza funciones de jefatura de gabinete o jefatura de prensa de los gabinetes de la persona titular de la Presidencia de la Xunta.
d) Todas las respuestas son correctas.

32. ¿Cuál es el tratamiento oficial de los miembros del Gobierno y de los altos cargos?

a) Excelentísimo/Excelentísima, seguido de la denominación del cargo, empleo o rango correspondiente.
b) Ilustrísimo Señor/ Ilustrísima Señora, seguido de la denominación del cargo, empleo o rango correspondiente.
c) Honorable señor/señora, seguido de la denominación del cargo, empleo o rango correspondiente.
d) Señor/señora, seguido de la denominación del cargo, empleo o rango correspondiente.

33. Señala con cuál de las siguientes actividades públicas es compatible el ejercicio de las funciones de alto cargo:

a) El desarrollo de misiones permanentes de representación ante organizaciones o conferencias, nacionales e internacionales.
b) La representación de la Administración autonómica en los órganos colegiados.
c) El cargo de diputado o diputada en el Parlamento de Galicia, en todo caso.
d) Todas las respuestas son correctas.

34. Señala la respuesta incorrecta respecto a la compatibilidad de las funciones de alto cargo con el ejercicio de la docencia:

a) Para el ejercicio de las funciones docentes se requerirá la autorización expresa de la persona titular de la consejería de hacienda.
b) El desarrollo de esta actividad no podrá suponer en ningún caso incremento alguno sobre las cantidades que por cualquier concepto corresponda percibir por el ejercicio del cargo público, con excepción de las indemnizaciones por gastos de viajes, estancias y traslados.
c) Se podrá compatibilizar el ejercicio de funciones docentes, de carácter reglado, siempre que no supongan menoscabo de la dedicación en el ejercicio del cargo público y se realice en régimen de dedicación a tiempo parcial.
d) Los altos cargos podrán participar en las actividades a cargo de los centros oficiales de formación y perfeccionamiento del personal empleado público mediante la impartición de conferencias y cursos, siempre que dicha colaboración se produzca con carácter excepcional, así como en los congresos, seminarios y actividades análogas, teniendo derecho a la percepción de las indemnizaciones previstas reglamentariamente.

35. Los altos cargos que pretendan compatibilizar sus funciones con actividades privadas deberá previamente comunicarlo a:

a) A la Comisión de la Transparencia.
b) A la Comisión Interdepartamental de Información y Evaluación.
c) La Dirección General de la Función Pública.
d) Al Consejo Consultivo de Galicia.

36. Los altos cargos no podrán tener, por sí mismos o por persona interpuesta, participaciones directas o indirectas en empresas en tanto tengan conciertos o contratos de cualquier naturaleza con el sector público estatal, autonómico o local, o reciban subvenciones provenientes de cualquier Administración pública. Estas participaciones directas o indirectas no podrán ser superiores al:

a) 2,5 %.
b) 5 %.
c) 7 %.
d) 10 %.

37. Los altos cargos no podrán realizar actividades ni prestar servicios en entidades privadas relacionadas con expedientes sobre los cuales hubiesen dictado resolución en el ejercicio del cargo, durante:

a) El año siguiente a la fecha de su cese.
b) Los dos años siguientes a la fecha de su cese.
c) Los cinco años siguientes a la fecha de su cese.
d) Los diez años siguientes a la fecha de su cese.

38. La información relativa a todos los contratos menores, con indicación del objeto, duración, importe de licitación y adjudicación, número de licitadores participantes e identidad del adjudicatario se publicarán en el portal web de transparencia:

a) Cada mes.
b) Cada dos meses.
c) Al menos trimestralmente.
d) Al menos semestralmente.

39. Los altos cargos no podrán tener, por sí mismos o por personas o entidades o empresas interpuestas, fondos, activos financieros o valores negociables en países o territorios con calificación de paraíso fiscal según la regulación estatal de aplicación:

a) Únicamente durante el ejercicio de su cargo.
b) Durante el ejercicio de su cargo, así como en los dos años siguientes a su cese.
c) Durante el ejercicio de su cargo, así como en los cinco años siguientes a su cese.
d) Durante el ejercicio de su cargo, así como en los diez años siguientes a su cese.

40. ¿De qué plazo dispone el centro directivo competente en materia de función pública para pronunciarse sobre la compatibilidad de la actividad privada que se va a realizar por parte del alto cargo así como comunicárselo tanto a la persona afectada como a la entidad en la que pretenda prestar sus servicios?

a) Veinte días desde la recepción en el Registro de Actividades de dicha comunicación.
b) Un mes desde la recepción en el Registro de Actividades de dicha comunicación.
c) Dos meses desde la recepción en el Registro de Actividades de dicha comunicación.
d) Tres meses desde la recepción en el Registro de Actividades de dicha comunicación.

Solución al test n.º 4

1. c) La Ley 1/2016, de 18 de enero.

2. b) El principio de transparencia.

3. a) En el plazo máximo de un mes desde la recepción de la solicitud por el órgano competente para resolver.

4. d) El principio de no discriminación tecnológica ni lingüística.

5. d) Todas las respuestas son correctas.

6. d) Anualmente.

7. a) A la persona titular del órgano administrativo o entidad que posea la información.

8. c) Quince días.

9. c) La Comisión de la Transparencia.

10. a) El principio de veracidad.

11. d) Todas las respuestas son correctas.

12. d) La multa de 100 a 1.000 euros será reiterada por periodos mensuales hasta el cumplimiento.

13. b) El 5 % del importe del contrato, subvención o instrumento administrativo que habilite para el ejercicio de las funciones públicas o la prestación de los servicios.

14. c) 3.000 euros.

15. a) Proporcionalidad.

16. d) El principio de responsabilidad.

17. d) Todas las respuestas son correctas.

18. c) El número de vehículos de los que es arrendatario.

19. b) Los dos años siguientes a la fecha de su cese.

20. d) Todas las respuestas son correctas.

21. b) El principio de accesibilidad universal de la información pública.

22. c) A las entidades vinculadas o dependientes de las universidades del Sistema universitario de Galicia.

23. d) Anualmente.

24. c) En el Portal de transparencia y Gobierno abierto.

25. d) La Comisión Interdepartamental de Información y Evaluación.

26. c) El valedor o valedora del pueblo.

27. a) El adjunto o adjunta a la institución del Valedor del Pueblo.

28. d) Todas las respuestas son correctas.

29. d) El valedor o valedora del pueblo.

30. a) Una persona representante del Sistema universitario de Galicia.

31. d) Todas las respuestas son correctas.

32. d) Señor/señora, seguido de la denominación del cargo, empleo o rango correspondiente.

33. b) La representación de la Administración autonómica en los órganos colegiados.

34. a) Para el ejercicio de las funciones docentes se requerirá la autorización expresa de la persona titular de la consejería de hacienda.

35. c) La Dirección General de la Función Pública.

36. d) 10 %.

37. b) Los dos años siguientes a la fecha de su cese.

38. c) Al menos trimestralmente.

39. b) Durante el ejercicio de su cargo, así como en los dos años siguientes a su cese.

40. b) Un mes desde la recepción en el Registro de Actividades de dicha comunicación.

TEST N.º 5

Ley 2/2015, de 29 de abril, del Empleo Público de Galicia:
Títulos I, III, IV y V

1. La Ley de Empleo Público de Galicia es:

a) La Ley 2/2015, de 29 de abril.
b) La Ley 5/2009, de 25 de junio.
c) La Ley 9/2015, de 29 de junio.
d) La Ley 1/2009, de 25 de abril.

2. ¿En qué título de la Ley de Empleo Público de Galicia se regulan las clases de personal al servicio de la Xunta de Galicia?

a) Título II.
b) Título III.
c) Título IV.
d) Título V.

3. Señala cuál de las siguientes opciones no es correcta. Según la Ley de Empleo Público de Galicia, existen 4 tipos de empleados públicos:

a) Personal funcionario interino.
b) Personal laboral.
c) Personal fijo discontinuo.
d) Personal eventual.

4. Señalar cuál de los siguientes no es correcto. En función del régimen de duración del contrato, la Ley de Empleo Público de Galicia distingue tres tipos de personal laboral:

a) Fijo.
b) Eventual.
c) Indefinido.
d) Temporal.

5. En relación con el nombramiento de personal interino para la ejecución de programas de carácter temporal y de duración determinada que no respondan a necesidades permanentes de la Administración, el plazo máximo de duración de la interinidad se hará constar expresamente en el nombramiento y no podrá ser superior a:

a) 3 años, ampliables hasta 12 meses más de justificarlo la duración del correspondiente programa.

b) 5 años, no ampliables.

c) 5 años, ampliables hasta 18 meses más si lo justificara la duración del correspondiente programa.

d) 3 años, ampliables hasta 6 meses más si lo justificara la duración del correspondiente programa.

6. En relación con el personal eventual, la Ley de Empleo Público de Galicia señala que:

a) La prestación de servicios como personal eventual constituirá mérito para el acceso al empleo público y para la promoción dentro de este.

b) Cuando el personal funcionario de carrera acceda a puestos de trabajo de carácter eventual, pasará a la situación de servicios específicos.

c) El personal eventual realizará actividades ordinarias de gestión o de carácter técnico o cualquiera de las funciones que pudieran corresponder al personal funcionario de carrera.

d) El nombramiento del personal eventual es libre.

7. En relación con el personal eventual, la Ley de Empleo Público de Galicia señala que:

a) La determinación de las condiciones de empleo del personal eventual tiene la consideración de materia objeto de negociación colectiva.

b) En el ámbito de la Administración general de la Comunidad Autónoma de Galicia el personal eventual solo puede ser nombrado por las personas integrantes del Consello de la Xunta para realizar cometidos de asesoramiento especial o apoyo a las mismas en desarrollo de su labor política, en cumplimiento de sus cometidos de carácter parlamentario y en sus relaciones con las instituciones públicas, los medios de comunicación y las organizaciones administrativas, así como actividades protocolarias

c) El número máximo de puestos del personal eventual, así como sus características y retribuciones, serán establecidos anualmente por el Parlamento de Galicia dentro de los correspondientes créditos presupuestarios consignados al efecto.

d) Las entidades públicas instrumentales del sector público autonómico pueden nombrar personal eventual, cuando así lo autoricen sus respectivas leyes de creación.

8. La adquisición de la condición de personal directivo se llevará a cabo mediante procedimientos que garanticen la publicidad y concurrencia entre el personal funcionario de carrera y el personal laboral fijo al servicio de las administraciones públicas, y se basará en los principios de:

a) Antigüedad y representatividad.

b) Mérito y capacidad.

c) Idoneidad y objetividad.

d) Eficacia y eficiencia.

9. Indica cuál es el objeto de la Ley de Empleo Público de Galicia:

a) La regulación del régimen jurídico de la función pública gallega y la determinación de las normas aplicables a todo el personal al servicio de las administraciones públicas incluidas en su ámbito de aplicación, en ejercicio de las competencias atribuidas a la Comunidad Autónoma de Galicia en su Estatuto de autonomía y en desarrollo del Estatuto Básico del Empleado Público.

b) La regulación del régimen jurídico de la función pública gallega y la determinación de las normas aplicables a todo el personal al servicio de las administraciones públicas incluidas en su ámbito de aplicación, en ejercicio de las competencias atribuidas a la Xunta de Galicia en su Estatuto de autonomía y en desarrollo del Estatuto Básico del Empleado Público.

c) La regulación del régimen jurídico de la función pública gallega y la determinación de las normas aplicables a todo el personal, en ejercicio de las competencias atribuidas a la Comunidad Autónoma de Galicia en su Estatuto de autonomía y en desarrollo del Estatuto Básico del Empleado Público.

d) La regulación del régimen jurídico de los empleados públicos y la determinación de las normas aplicables a todo el personal al servicio de las administraciones públicas incluidas en su ámbito de aplicación, en ejercicio de las competencias atribuidas a la Comunidad Autónoma de Galicia en su Estatuto de autonomía y en desarrollo del Estatuto Básico del Empleado Público.

10. El nombramiento de un interino por exceso o acumulación de tareas, de carácter excepcional y circunstancial, tendrá un plazo máximo de:

a) 5 meses dentro de un período de 12 meses.

b) 6 meses dentro de un período de 10 meses.

c) 9 meses dentro de un período de 18 meses.

d) 3 meses dentro de un período de 12 meses.

11. Indica qué potestad tiene atribuida la Comunidad Autónoma de Galicia, con la finalidad de satisfacer los intereses generales:

a) La Xunta de Galicia tiene atribuida la potestad de autoorganización, que la faculta, de acuerdo con el ordenamiento jurídico, para estructurar, establecer el régimen jurídico y dirigir y fijar los objetivos de la función pública gallega.

b) La Comunidad Autónoma de Galicia tiene atribuida la potestad de organización, que la faculta, de acuerdo con el ordenamiento jurídico, para estructurar, establecer el régimen jurídico y dirigir y fijar los objetivos de la función pública gallega.

c) La Comunidad Autónoma de Galicia tiene atribuida la potestad de autoorganización, que la faculta, de acuerdo con el ordenamiento jurídico, para estructurar, establecer el régimen jurídico de la función pública gallega.

d) La Comunidad Autónoma de Galicia tiene atribuida la potestad de autoorganización, que la faculta, de acuerdo con el ordenamiento jurídico, para estructurar, establecer el régimen jurídico y dirigir y fijar los objetivos de la función pública gallega.

12. Indica qué es una relación de puestos de trabajo:

a) Es un instrumento jurídico de carácter público que incluye todos los puestos de trabajo de naturaleza funcionarial y laboral existentes en cada una de las administraciones públicas incluidas en el ámbito de aplicación de la Ley 2/2015.

b) Es un instrumento técnico de carácter público que incluye todos los puestos de trabajo de naturaleza funcionarial y laboral existentes en cada una de las administraciones públicas incluidas en el ámbito de aplicación de la Ley 2/2015.

c) Es un instrumento técnico de carácter público que incluye todos los puestos de trabajo de naturaleza funcionarial y laboral existentes en cada una de las administraciones públicas incluidas en el ámbito de aplicación de la Ley 3/2015.

d) Es un instrumento técnico de carácter público que incluye todos los puestos de trabajo de naturaleza laboral existentes en cada una de las administraciones públicas incluidas en el ámbito de aplicación de la Ley 2/2015.

13. Indica el contenido mínimo, por cada puesto, de las relaciones de puestos de trabajo:

a) El código alfanumérico, denominación y naturaleza jurídica. La clasificación profesional. El sistema de provisión.

b) La adscripción orgánica. El complemento retributivo del puesto.

c) Los requisitos y, en los casos en que proceda, las áreas funcionales, méritos, capacidades, experiencia o categoría profesional para su provisión.

d) Todas son correctas.

14. Indica qué principios presiden la selección de los empleados públicos:

a) Igualdad, con especial atención a la igualdad de oportunidades entre mujeres y hombres y de las personas con discapacidad.

b) Transparencia y objetividad en el desarrollo de los procesos selectivos y en el funcionamiento de los órganos de selección.

c) Imparcialidad y profesionalidad de los miembros de los órganos de selección.

d) Todas son correctas.

15. Indica si la renuncia es una causa de pérdida de la condición de personal funcionario:

a) No.

b) Sí.

c) Si es social, sí.

d) Ninguna es correcta.

16. Indica quién puede acceder al empleo público como personal funcionario en igualdad de condiciones con las personas de nacionalidad española:

a) Las personas que posean la nacionalidad de otros estados miembros de la Unión Europea.

b) Las personas, cualquiera que sea su nacionalidad, que sean cónyuges de personas que posean la nacionalidad española o de otros estados miembros de la Unión Europea, siempre que no estén separadas de derecho.

c) Las personas, cualquiera que sea su nacionalidad, descendientes de personas que posean la nacionalidad española o de otros estados miembros de la Unión Europea, siempre que sean menores de 21 años o mayores de dicha edad dependientes.

d) Todas son correctas.

17. Indica si el personal de elección o de designación política puede formar parte de un órgano de selección:

a) Sí.

b) No.

c) Depende del proceso.

d) Ninguna es correcta.

18. Indica cómo es el procedimiento de oposición:

a) La oposición consiste en la superación de las pruebas teóricas que se establezcan en la convocatoria, las cuales deberán permitir determinar la capacidad de las personas aspirantes y establecer el orden de prelación entre ellas.

b) La oposición consiste en la superación de las pruebas prácticas que se establezcan en la convocatoria, las cuales deberán permitir determinar la capacidad de las personas aspirantes y establecer el orden de prelación entre ellas.

c) La oposición consiste en la superación de las pruebas teóricas y/o prácticas que se establezcan en la convocatoria, las cuales deberán permitir determinar la capacidad de las personas aspirantes y establecer el orden de prelación entre ellas.

d) Ninguna es correcta.

19. Indica qué es el concurso:

a) Es el procedimiento extraordinario de provisión de puestos de trabajo por el personal funcionario y consiste en la valoración de los méritos y capacidades y, en su caso, aptitudes de los candidatos conforme a las bases establecidas en la correspondiente convocatoria.

b) El concurso consiste en la valoración exclusiva de los méritos que se señalen en la convocatoria.

c) Es el procedimiento normal de provisión de puestos de trabajo por el personal interino y consiste en la valoración de capacidades y, en su caso, aptitudes de los candidatos conforme a las bases establecidas en la correspondiente convocatoria.

d) Es el procedimiento normal de provisión de puestos de trabajo por el personal eventual y consiste en la valoración de los méritos y, en su caso, aptitudes de los candidatos conforme a las bases establecidas en la correspondiente convocatoria.

20. ¿Qué es el concurso-oposición?

a) El concurso-oposición consiste en la superación de las pruebas correspondientes, a las que será de aplicación lo para el concurso tecnico, así como en la posesión previa, debidamente valorada, de determinadas condiciones de formación, méritos o niveles de experiencia.

b) El concurso-oposición consiste en la superación de las pruebas correspondientes, a las que será de aplicación lo para la oposición, así como en la posesión previa, debidamente valorada, de determinadas condiciones de formación o niveles de experiencia.

c) El concurso-oposición consiste en la superación de las pruebas correspondientes, a las que será de aplicación lo para la oposición, así como en la posesión previa, debidamente valorada, de determinadas condiciones de formación, méritos o niveles de experiencia.

d) El concurso-oposición consiste en la superación de las pruebas correspondientes, a las que será de aplicación lo para la oposición, así como en la posesión previa, debidamente valorada, de determinadas condiciones de méritos o niveles de experiencia.

21. Queda excluido del ámbito de aplicación de la Ley 2/2015:

a) El personal funcionario.
b) El personal funcionario de las universidades públicas gallegas.
c) El personal laboral de la Xunta de Galicia.
d) El personal funcionario al servicio de la Administración de justicia en Galicia.

22. Indica qué tipos de concursos existen:

a) Ordinario.
b) Específico.
c) Son correctas a) y b).
d) Ninguna es correcta.

23. Es personal de confianza o de asesoramiento especial conforme a la Ley 2/2015:

a) El personal sanitario.
b) El personal estatutario.
c) El personal eventual.
d) Todas son correctas.

24. El personal funcionario de carrera se seleccionará ordinariamente por:

a) El sistema de oposición o por el sistema de concurso-oposición.
b) Solo en virtud de norma con rango de ley puede aplicarse, con carácter excepcional, el sistema de concurso.
c) Son correctas a) y b).
d) Ninguna es correcta.

25. Indica qué requisitos se deben cumplir, entre otros, para adquirir la condición de funcionario de carrera:

a) Superación del proceso selectivo.
b) Acreditación, en su caso, de que se reúnen los requisitos y condiciones exigidos en la convocatoria del proceso selectivo.
c) Nombramiento por el órgano o autoridad competente, que será publicado en el diario oficial correspondiente.
d) Todas son correctas.

26. La ejecución de la oferta de empleo público ¿en qué plazo improrrogable debe desarrollarse, a contar a partir del día siguiente al de la publicación de aquella en el correspondiente diario oficial?

a) 3 años.
b) 1 año.
c) En el primer trimestre de cada año tras la aprobación.
d) Todas son falsas.

27. ¿Qué edad se requiere para participar en un proceso selectivo?

a) Tener cumplidos los 18 años y no exceder, en su caso, de la edad máxima de jubilación forzosa.
b) Tener cumplidos los 17 años y no exceder, en su caso, de la edad máxima de jubilación forzosa.
c) Tener cumplidos los 19 años y no exceder, en su caso, de la edad máxima de jubilación forzosa.
d) Tener cumplidos los 16 años y no exceder, en su caso, de la edad máxima de jubilación forzosa.

28. Los procesos selectivos de los empleados públicos tendrán:

a) Carácter cerrado y garantizarán la libre concurrencia, sin perjuicio de lo establecido para la promoción interna y de las medidas de discriminación positiva previstas en la Ley 2/2015.
b) Carácter abierto y garantizarán la libre competencia, sin perjuicio de lo establecido para la promoción interna y de las medidas de discriminación positiva previstas en la Ley 2/2015.
c) Carácter abierto y garantizarán la libre concurrencia, sin perjuicio de lo establecido para la promoción externa y de las medidas de discriminación positiva previstas en la Ley 2/2015.
d) Carácter abierto y garantizarán la libre concurrencia, sin perjuicio de lo establecido para la promoción interna y de las medidas de discriminación positiva previstas en la Ley 2/2015.

29. Los procesos selectivos de los empleados públicos se iniciarán mediante convocatoria pública. Indica qué contiene una convocatoria pública:

a) El número de plazas, subgrupo o grupo de clasificación profesional, en el supuesto de que este no tenga subgrupo, cuerpo y, en su caso, escala, o categoría laboral.
b) Las condiciones y requisitos que deben reunir las personas aspirantes.
c) El sistema selectivo aplicable, el cual indicará el tipo de pruebas concretas y los sistemas de calificación de los ejercicios o, en su caso, los baremos de puntuación de los méritos.
d) Todas son correctas.

30. Indica en qué plazo puede el personal funcionario solicitar la prolongación de la permanencia en la situación de servicio activo:

a) Antelación mínima de 2 meses y máxima de 4 meses a la fecha en la que cumpla la edad de jubilación forzosa.

b) Antelación mínima de 3 meses y máxima de 5 meses a la fecha en la que cumpla la edad de jubilación forzosa.

c) Antelación mínima de 3 meses y máxima de 4 meses a la fecha en la que cumpla la edad de jubilación forzosa.

d) Antelación mínima de un mes y máxima de 3 meses a la fecha en la que cumpla la edad de jubilación forzosa.

Solución al test n.º 5

1. a) La Ley 2/2015, de 29 de abril.

2. b) Título III.

3. c) Personal fijo discontinuo.

4. b) Eventual.

5. a) 3 años, ampliables hasta 12 meses más de justificarlo la duración del correspondiente programa.

6. d) El nombramiento del personal eventual es libre.

7. b) En el ámbito de la Administración general de la Comunidad Autónoma de Galicia el personal eventual solo puede ser nombrado por las personas integrantes del Consello de la Xunta para realizar cometidos de asesoramiento especial o apoyo a las mismas en desarrollo de su labor política, en cumplimiento de sus cometidos de carácter parlamentario y en sus relaciones con las instituciones públicas, los medios de comunicación y las organizaciones administrativas, así como actividades protocolarias

8. b) Mérito y capacidad.

9. a) La regulación del régimen jurídico de la función pública gallega y la determinación de las normas aplicables a todo el personal al servicio de las administraciones públicas incluidas en su ámbito de aplicación, en ejercicio de las competencias atribuidas a la Comunidad Autónoma de Galicia en su Estatuto de autonomía y en desarrollo del Estatuto Básico del Empleado Público.

10. c) 9 meses dentro de un período de 18 meses.

11. d) La Comunidad Autónoma de Galicia tiene atribuida la potestad de autoorganización, que la faculta, de acuerdo con el ordenamiento jurídico, para estructurar, establecer el régimen jurídico y dirigir y fijar los objetivos de la función pública gallega.

12. b) Es un instrumento técnico de carácter público que incluye todos los puestos de trabajo de naturaleza funcionarial y laboral existentes en cada una de las administraciones públicas incluidas en el ámbito de aplicación de la Ley 2/2015.

13. d) Todas son correctas.

14. d) Todas son correctas.

15. b) Sí.

16. d) Todas son correctas.

17. b) No.

18. c) La oposición consiste en la superación de las pruebas teóricas y/o prácticas que se establezcan en la convocatoria, las cuales deberán permitir determinar la capacidad de las personas aspirantes y establecer el orden de prelación entre ellas.

19. b) El concurso consiste en la valoración exclusiva de los méritos que se señalen en la convocatoria.

20. c) El concurso-oposición consiste en la superación de las pruebas correspondientes, a las que será de aplicación lo para la oposición, así como en la posesión previa, debidamente valorada, de determinadas condiciones de formación, méritos o niveles de experiencia.

21. d) El personal funcionario al servicio de la Administración de justicia en Galicia.

22. c) Son correctas a) y b).

23. c) El personal eventual.

24. c) Son correctas a) y b).

25. d) Todas son correctas.

26. a) 3 años.

27. d) Tener cumplidos los 16 años y no exceder, en su caso, de la edad máxima de jubilación forzosa.

28. d) Carácter abierto y garantizarán la libre concurrencia, sin perjuicio de lo establecido para la promoción interna y de las medidas de discriminación positiva previstas en la Ley 2/2015.

29. d) Todas son correctas.

30. c) Antelación mínima de 3 meses y máxima de 4 meses a la fecha en la que cumpla la edad de jubilación forzosa.

TEST N.º 6

Ley 7/2023, de 30 de noviembre, para la igualdad efectiva de mujeres y hombres de Galicia: Título Preliminar, Título I y Capítulos I y II del Título II

1. Según su artículo 1.1, el objeto de la Ley 7/2023, de 30 de noviembre, para la igualdad efectiva de mujeres y hombres de Galicia, es:

a) Actuar contra la violencia que, como manifestación de la discriminación, la situación de desigualdad y las relaciones de poder de los hombres sobre las mujeres, se ejerce sobre éstas por parte de quienes sean o hayan sido sus cónyuges o de quienes estén o hayan estado ligados a ellas por relaciones similares de afectividad, aun sin convivencia.

b) Hacer efectivo el derecho de igualdad de trato y oportunidades entre mujeres y hombres para, en el desarrollo de los artículos 9.2 y 14 de la Constitución y 4 del Estatuto de Autonomía para Galicia, seguir avanzando hacia una sociedad más democrática, más justa y más solidaria.

c) Regular los derechos y deberes de las personas físicas y jurídicas, tanto públicas como privadas, previendo medidas destinadas a eliminar y corregir en los sectores público y privado de la Comunidad Autónoma de Galicia, toda forma de discriminación por razón de sexo.

d) Reforzar el compromiso de la Comunidad Autónoma de Galicia con la eliminación de la discriminación de las mujeres y con la promoción de la igualdad entre mujeres y hombres.

2. Según el artículo 1.2.b) de la Ley 7/2023, es objeto en particular de esta ley, integrar la perspectiva de género en el diseño y desarrollo de las políticas públicas de la competencia de la Administración general de la Comunidad Autónoma de Galicia y de su sector público, de forma:

a) Sostenible.
b) Transversal.
c) Colaborativa.
d) Efectiva.

3. Conforme al artículo 1.2 de la Ley 7/2023, de 30 de noviembre, para la igualdad efectiva de mujeres y hombres de Galicia, esta ley, en particular, tiene como objeto establecer garantías institucionales adicionales para la defensa y promoción de los derechos de igualdad de género, atribuyendo competencias específicas a:

a) El Valedor del Pueblo.
b) La Comisión Consultiva Autonómica para la Igualdad entre Mujeres y Hombres en la Negociación Colectiva.
c) El Consejo Gallego de las Mujeres.
d) La Comisión Interdepartamental de Igualdad.

4. Según el artículo 2 de la Ley 7/2023, la igualdad de trato y de oportunidades entre mujeres y hombres:

a) Es un deber de las Administraciones Públicas gallegas.
b) Es una fuente formal del Derecho autonómico.
c) Es un principio informador del ordenamiento jurídico autonómico.
d) Es un objetivo fundamental del procedimiento administrativo en Galicia.

5. En aplicación del principio de transversalidad de la dimensión de género, la Administración general de la Comunidad Autónoma de Galicia y el sector público autonómico establecen como uno de sus criterios de su actuación y para evitar los efectos negativos sobre los derechos de la mujer, el fomento de la comprensión de la maternidad como:

a) Una función social.
b) Una solución política.
c) Una necesidad existencial.
d) Un don divino.

6. Siguiendo el artículo 20 de la Ley 7/2023, de 30 de noviembre, para la igualdad efectiva de mujeres y hombres de Galicia, la Administración general de la Comunidad Autónoma de Galicia y el sector público autonómico, en aplicación del principio de transversalidad de la dimensión de género, establecen como uno de sus criterios de actuación el fomento de la igualdad de oportunidades en la política económica, laboral y social, a través de (señala la opción incorrecta):

a) La supresión de la brecha salarial y de las diferencias retributivas por razón de sexo.
b) La eliminación de la segregación horizontal y vertical.
c) El fomento del empleo femenino por cuenta propia o ajena.
d) El asociacionismo de las mujeres, la dinamización del tejido asociativo y la creación de redes.

7. Según el artículo 22.1 de la Ley 7/2023, los proyectos de ley presentados en el Parlamento de Galicia por la Xunta de Galicia se acompañarán de:

a) Un Plan Estratégico de Igualdad de Oportunidades.

b) Una estadística o encuesta que posibilite el conocimiento de las diferencias en los valores, roles, situaciones y condiciones, de mujeres y hombres en el ámbito de acción del proyecto o plan.

c) Un informe periódico sobre el conjunto de sus actuaciones en relación con la efectividad del principio de igualdad entre mujeres y hombres.

d) Un informe sobre su impacto de género.

8. Según dispone el artículo 23 de la Ley 7/2023, de 30 de noviembre, para la igualdad efectiva de mujeres y hombres de Galicia, en la tramitación del proyecto de ley de presupuestos generales de la Comunidad Autónoma de Galicia, ¿qué órgano elaborará un informe que permita conocer la situación diferencial de las mujeres y de los hombres en relación con los distintos ámbitos prioritarios de intervención y el análisis de impacto de género de los diferentes programas de gasto?

a) El órgano encargado de la tramitación del proyecto.

b) El órgano competente en materia de planificación presupuestaria en colaboración con el órgano competente en materia de igualdad.

c) El Instituto Gallego de Estadística, en colaboración con el órgano competente en materia de igualdad, y el órgano competente en materia de planificación presupuestaria.

d) El órgano competente en materia de igualdad, en colaboración con el órgano competente en materia de planificación presupuestaria y el Instituto Gallego de Estadística.

9. Según dispone el artículo 25 de la Ley 7/2023, de 30 de noviembre, para la igualdad efectiva de mujeres y hombres de Galicia, si, emitido el informe de impacto de género, durante la tramitación administrativa de un plan de especial relevancia económica, social o cultural, de un reglamento o de un proyecto de ley, surgieran sospechas de un posible impacto de género negativo por la incorporación de nuevas medidas o disposiciones:

a) Se podrá solicitar un informe complementario al órgano competente en materia de igualdad.

b) Al no ser vinculante, el órgano encargado de la tramitación habrá de dejar constancia de las razones que justifican que el informe no se adopte.

c) Se remitirá el texto del reglamento o proyecto a la Xunta de Galicia, para que esta emita su propio informe de impacto de género.

d) Se declarará nulo el proyecto o reglamento, para que se redacte otro totalmente nuevo en su lugar.

10. El Consejo de la Xunta de Galicia, a propuesta del órgano competente en materia de igualdad entre mujeres y hombres, aprobará un plan estratégico de igualdad de oportunidades en el que se incluirán medidas necesarias para conseguir el objetivo de la igualdad efectiva de mujeres y hombres y de la erradicación de la violencia de género en la Comunidad Autónoma de Galicia. Según el artículo 26 de la Ley 7/2023, dicho plan se aprobará de forma:

    a) Anual.
    b) Bianual.
    c) Cuatrienal.
    d) Periódica.

11. El artículo 27 de la Ley 7/2023, establece una serie de actuaciones que deberán llevar a cabo la Administración de la Comunidad Autónoma de Galicia y las entidades instrumentales que integran el sector público autonómico en la elaboración de sus estudios y estadísticas. Cuál de las siguientes es una de dichas actuaciones:

    a) Excluir sistemáticamente la variable de sexo en las estadísticas, encuestas y recogida de datos que lleven a cabo.
    b) Realizar muestras lo suficientemente amplias para evitar que las diversas variables incluidas puedan ser explotadas y analizadas en función de la variable de sexo.
    c) Explotar los datos de que disponen de modo que se puedan conocer las diferentes situaciones, condiciones, aspiraciones y necesidades de mujeres y hombres en los diferentes ámbitos de intervención.
    d) Establecer e incluir en las operaciones estadísticas nuevos indicadores que posibiliten un mejor conocimiento de las similitudes en los valores, roles, situaciones, condiciones, aspiraciones y necesidades de mujeres y hombres.

12. Conforme al artículo 28 de la Ley 7/2023, de 30 de noviembre, para la igualdad efectiva de mujeres y hombres de Galicia, para elaborar la cuenta satélite de producción doméstica será necesario disponer previamente de:

    a) Una encuesta de tiempo.
    b) Un informe de impacto de género.
    c) La evaluación de cumplimiento de los objetivos del Plan estratégico de igualdad de oportunidades.
    d) Los informes complementarios de impacto de género.

13. Según el artículo 31 de la Ley 7/2023, ¿en qué consiste el uso no sexista del lenguaje?

    a) En la utilización de ambos géneros de forma arbitraria.
    b) En la utilización de expresiones lingüísticamente correctas substitutivas de otras que invisibilizan el femenino o que lo sitúan en un plano secundario respecto al masculino.

c) En la utilización de los dos géneros de forma conjunta; primero el femenino y después el masculino.

d) En la utilización en el lenguaje de expresiones neutras, que no se puedan asociar a ninguno de los géneros.

14. Según el artículo 4.2 de la Ley 7/2023, la situación en que se encuentra una persona que sea, haya sido o pudiera ser tratada, en atención a su sexo, de manera menos favorable que otra en situación comparable, se considera:

a) Discriminación directa.
b) Acoso sexual.
c) Discriminación indirecta.
d) Violencia de género.

15. En virtud del artículo 4.3 de la Ley 7/2023, la situación en que una disposición, criterio o práctica aparentemente neutros pone a personas de un sexo en desventaja particular con respecto a personas del otro:

a) En cualquier caso constituirá discriminación directa.
b) En cualquier caso constituirá discriminación indirecta.
c) No se considera discriminación indirecta si dicha disposición, criterio o práctica pueden justificarse objetivamente en atención a una finalidad legítima y los medios para alcanzar dicha finalidad son necesarios y adecuados.
d) En ningún caso podrá considerarse discriminación.

16. Según el artículo 5.1 de la Ley 7/2023, en el ámbito de acceso al empleo, incluida la formación correspondiente, no constituye discriminación por razón de sexo la diferencia de trato en base a una característica relacionada con el sexo de una persona cuando, debido a la naturaleza de las actividades profesionales concretas o al contexto en que se lleven a cabo, dicha característica constituya un requisito profesional esencial y determinante, siempre y cuando su objetivo sea legítimo y el requisito sea:

a) Proporcionado.
b) Inequívoco.
c) Justo.
d) Mesurable.

17. Según el artículo 7 de la Ley 7/2023, todo trato desfavorable a las mujeres relacionado con el embarazo o la maternidad constituye:

a) Acoso sexual.
b) Acoso por razón de sexo.
c) Discriminación directa por razón de sexo.
d) Discriminación indirecta por razón de sexo.

18. Cómo denomina el artículo 10 de la Ley 7/2023 a la discriminación por razón de sexo que se funda, por parte del sujeto discriminador, en una apreciación incorrecta del embarazo, la maternidad, las obligaciones familiares o el estado civil de la persona víctima:

a) Discriminación sexista prejuiciosa.
b) Discriminación sexista machista.
c) Discriminación sexista por error.
d) Discriminación sexista por asociación.

19. Siguiendo el artículo 11 de la Ley 7/2023, ¿cuándo se produce discriminación sexista interseccional?

a) Cuando, junto al sexo, concurren o interactúan otra u otras causas de discriminación, generando una forma específica de discriminación.
b) Cuando se sufre por razón del sexo, el embarazo, el parto o la maternidad, de la asunción de obligaciones familiares o del estado civil de otra persona con la que se estuviera relacionado.
c) Cuando una persona es discriminada de manera simultánea o consecutiva por razón de sexo y por otra u otras causas de discriminación.
d) Cuando la recibe el hombre por razón de su paternidad.

20. En virtud del artículo 12 de la Ley 7/2023, cualquier trato adverso o efecto negativo que se produzca en una persona como consecuencia de la presentación por su parte de queja, reclamación, denuncia, demanda o recurso, de cualquier tipo, destinados a impedir su discriminación y a exigir el cumplimiento efectivo del principio de igualdad de trato entre mujeres y hombres, se considerará:

a) Discriminación directa.
b) Discriminación por razón de sexo.
c) Injustificado.
d) Acoso sexual.

21. Según establece el artículo 13 de la Ley 7/2023, con el fin de hacer efectivo el derecho constitucional de la igualdad, los Poderes Públicos de Galicia adoptarán medidas específicas en favor de las mujeres para corregir situaciones patentes de desigualdad de hecho respecto de los hombres. Tales medidas, que serán aplicables en tanto subsistan dichas situaciones, habrán de ser en relación con el objetivo perseguido en cada caso razonables y:

a) Justificadas.
b) Autorizadas judicialmente.
c) Transparentes.
d) Proporcionadas.

22. Siguiendo el artículo 16 de la Ley 7/2023, ¿qué palabra falta en la siguiente frase?: "Con arreglo al ejercicio de los derechos de conciliación de la vida personal, familiar y laboral, como manifestación del derecho de las mujeres y hombres a la libre configuración de su tiempo, se promoverá la .... a través del reparto equilibrado entre mujeres y hombres de las obligaciones familiares, las tareas domésticas y el cuidado de personas dependientes mediante la individualización de los derechos y el fomento de su asunción por parte de los hombres y la prohibición de discriminación basada en su libre ejercicio por parte de estos".

a) Corresponsabilidad.
b) Equiparación.
c) Alternancia.
d) Cooperación.

23. Según dispone el artículo 17 de la Ley 7/2023, a través de la promoción de la igualdad de oportunidades entre mujeres y hombres, se buscará que la igualdad y libertad de las personas, con independencia de su sexo y de los estereotipos de género, sean reales y:

a) Equiparables.
b) Efectivas.
c) Frecuentes.
d) Permanentes.

Solución al test n.º 6

1. d) Reforzar el compromiso de la Comunidad Autónoma de Galicia con la eliminación de la discriminación de las mujeres y con la promoción de la igualdad entre mujeres y hombres.

2. b) Transversal.

3. a) El Valedor del Pueblo.

4. c) Es un principio informador del ordenamiento jurídico autonómico.

5. a) Una función social.

6. d) El asociacionismo de las mujeres, la dinamización del tejido asociativo y la creación de redes.

7. d) Un informe sobre su impacto de género.

8. d) El órgano competente en materia de igualdad, en colaboración con el órgano competente en materia de planificación presupuestaria y el Instituto Gallego de Estadística.

9. a) Se podrá solicitar un informe complementario al órgano competente en materia de igualdad.

10. d) Periódica.

11. c) Explotar los datos de que disponen de modo que se puedan conocer las diferentes situaciones, condiciones, aspiraciones y necesidades de mujeres y hombres en los diferentes ámbitos de intervención.

12. a) Una encuesta de tiempo.

13. b) En la utilización de expresiones lingüísticamente correctas substitutivas de otras que invisibilizan el femenino o que lo sitúan en un plano secundario respecto al masculino.

14. a) Discriminación directa.

15. c) No se considera discriminación indirecta si dicha disposición, criterio o práctica pueden justificarse objetivamente en atención a una finalidad legítima y los medios para alcanzar dicha finalidad son necesarios y adecuados.

16. a) Proporcionado.

17. c) Discriminación directa por razón de sexo.

18. c) Discriminación sexista por error.

19. a) Cuando, junto al sexo, concurren o interactúan otra u otras causas de discriminación, generando una forma específica de discriminación.

20. b) Discriminación por razón de sexo.

21. d) Proporcionadas.

22. a) Corresponsabilidad.

23. b) Efectivas.

TEST N.º 7

Real Decreto Legislativo 1/2013, de 29 de noviembre, por el que se aprueba el Texto Refundido de la Ley General de Derechos de las Personas con Discapacidad y de su Inclusión Social: Título Preliminar; Sección 1ª del Capítulo V, y Capítulo VIII del Título I y Título II

1. Cuando una persona o grupo en que se integra es objeto de un trato discriminatorio debido a su relación con otra por motivo o por razón de discapacidad, se produce:

a) Discriminación directa.
b) Discriminación indirecta.
c) Discriminación relativa.
d) Discriminación por asociación.

2. El principio en virtud del cual la sociedad promueve valores compartidos orientados al bien común y a la cohesión social, permitiendo que todas las personas con discapacidad tengan las oportunidades y recursos necesarios para participar plenamente en la vida política, económica, social, educativa, laboral y cultural, y para disfrutar de unas condiciones de vida en igualdad con los demás, se denomina:

a) Accesibilidad universal.
b) Inclusión social.
c) Normalización.
d) Acción positiva.

3. Se encarga de la recopilación, sistematización, actualización, generación de información y difusión relacionada con el ámbito de la discapacidad:

a) El Observatorio Estatal de la Discapacidad.
b) La Dirección General de Servicios Sociales
c) El Consejo Nacional de la Discapacidad.
d) El Consejo Interterritorial del Sistema Nacional de Salud.

4. El término "discapacidad" según la definición de la OMS engloba varios aspectos. Señalar de los siguientes cuál no es correcto:

a) Deficiencias.
b) Restricciones de la participación.
c) Dificultades sociales.
d) Limitaciones de la actividad.

5. Las restricciones de la participación son:

a) Problemas para participar en situaciones vitales.
b) Dificultades para ejecutar acciones o tareas.
c) Problemas que afectan a una estructura o función corporal.
d) Anomalías psicológicas de las personas.

6. A través de qué norma se aprueba el texto refundido de la Ley general de derechos de las personas con discapacidad y de su inclusión social:

a) Real decreto legislativo 2/2009, de 13 de noviembre.
b) Real decreto legislativo 1/2013, de 29 de noviembre.
c) Real decreto legislativo 1/2009, de 29 de noviembre.
d) Real decreto legislativo 2/2013, de 13 de noviembre.

7. La situación en que se encuentra una persona con discapacidad cuando es tratada de manera menos favorable que otra en situación análoga por motivo de o por razón de su discapacidad, se denomina:

a) Discriminación directa.
b) Discriminación indirecta.
c) Discriminación relativa.
d) Discriminación por asociación.

8. La adopción de medidas de acción positiva a favor de las personas con discapacidad, se entiende, según la Ley general de derechos de las personas con discapacidad y de su inclusión social, que es:

a) Discriminación indirecta.
b) Discriminación legal.
c) Normalización.
d) Igualdad de oportunidades.

9. El principio en virtud del cual las personas con discapacidad deben poder llevar una vida en igualdad de condiciones, accediendo a los mismos lugares, ámbitos, bienes y servicios que están a disposición de cualquier otra persona, se llama principio de:

a) Igualación.
b) Normalización.

c) Accesibilidad.
d) Equiparación.

10. La situación en la que la persona con discapacidad ejerce el poder de decisión sobre su propia existencia y participa activamente en la vida de su comunidad, conforme al derecho al libre desarrollo de la personalidad, se conoce como:

a) Normalización.
b) Inclusión social.
c) Vida independiente.
d) Integración.

11. El principio en virtud del cual las organizaciones representativas de personas con discapacidad y de sus familias participan, en los términos que establecen las leyes y demás disposiciones normativas, en la elaboración, ejecución, seguimiento y evaluación de las políticas oficiales que se desarrollan en la esfera de las personas con discapacidad, se llama principio de:

a) Transversalidad.
b) Participación activa.
c) Normalización.
d) Diálogo civil.

12. El principio en virtud del cual las actuaciones que desarrollan las Administraciones Públicas no se limitan únicamente a planes, programas y acciones específicos, pensados exclusivamente para estas personas, sino que comprenden las políticas y líneas de acción de carácter general en cualquiera de los ámbitos de actuación pública, en donde se tendrán en cuenta las necesidades y demandas de las personas con discapacidad, es el principio de:

a) Participación.
b) Integralidad.
c) Transversalidad.
d) Aplicación.

13. Tendrán la consideración de personas con discapacidad todas aquellas a quienes se les haya reconocido un grado de discapacidad igual o superior al:

a) 25 %.
b) 33 %.
c) 40 %.
d) 45 %.

14. No está recogido expresamente como uno de los principios de la Ley general de derechos de las personas con discapacidad y de su inclusión social:

a) La igualdad entre mujeres y hombres.
b) La vida independiente.

c) Diseño universal o diseño para todas las personas.
d) La igualdad de trato.

15. Toda conducta no deseada relacionada con la discapacidad de una persona, que tenga como objetivo o consecuencia atentar contra su dignidad o crear un entorno intimidatorio, hostil, degradante, humillante u ofensivo, se considera:

a) Acoso.
b) Maltrato.
c) Falta.
d) Exclusión.

16. Las personas con discapacidad tienen derecho a vivir de forma independiente y a participar plenamente en todos los aspectos de la vida. Para ello, los poderes públicos adoptarán las medidas pertinentes para asegurar:

a) El diálogo civil.
b) La accesibilidad universal.
c) El diseño universal.
d) La participación e inclusión plenas y efectivas en la sociedad.

17. La ausencia de toda discriminación directa o indirecta por motivo o por razón de discapacidad, en el empleo, en la formación y la promoción profesionales y en las condiciones de trabajo, es lo que se entiende por:

a) Accesibilidad.
b) Normalización.
c) Discriminación positiva.
d) Igualdad de trato.

18. A nivel estatal, el procedimiento para el reconocimiento, declaración y calificación del grado de discapacidad está regulado por:

a) El Real Decreto 888/2022, de 18 de octubre.
b) El Real Decreto 1997/2011, de 23 de noviembre.
c) El Real Decreto 1997/1999, de 20 de diciembre.
d) El Real Decreto 1971/1997, de 20 de noviembre.

19. ¿Cuántas clases de discapacidad contempla la Clasificación Internacional del Funcionamiento de la Discapacidad y de Salud (CIF)?

a) 3 clases.
b) 5 clases.
c) 6 clases.
d) 2 clases.

20. Uno de los principios de la Ley General de derechos de las personas con discapacidad y de su inclusión social, conforme a su artículo 3 es el respeto de la dignidad ……………….., la autonomía ……………., incluida la libertad de tomar las propias decisiones, y la ……………… de las personas. Señala ordenadamente que 3 palabras faltan en la anterior frase:

a) Inherente/individual/independencia.
b) Propia/social/libertad.
c) Individual/laboral/igualdad.
d) Adquirida/familiar/aceptación.

21. De conformidad con el artículo 32 de la Ley General de derechos de las personas con discapacidad y su inclusión social, en los proyectos de viviendas protegidas, se programará con las características constructivas y de diseño adecuadas que garanticen el acceso y desenvolvimiento cómodo y seguro de las personas con discapacidad, un mínimo del:

a) 4 %.
b) 7 %.
c) 10 %.
d) 14 %.

22. ¿Cuántas personas asesoras expertas figuran en la composición del Consejo Nacional de la Discapacidad?

a) 4.
b) 12.
c) 20.
d) 32.

23. ¿Con cuántas Vocalías cuenta en su composición el Consejo Nacional de la Discapacidad?

a) 12.
b) 20
c) 24.
d) 44.

24. En relación a la indemnización o reparación a que pueda dar lugar la reclamación correspondiente en virtud de la tutela judicial del derecho a la igualdad de oportunidades de las personas con discapacidad, regulada por el artículo 75 del RDL 1/2013, es cierto que:

a) La indemnización o reparación a que pueda dar lugar la reclamación correspondiente estará limitada por un tope máximo fijado «a priori».
b) La indemnización por daño moral procederá únicamente cuando existan perjuicios de carácter económico.

c) La indemnización por daño moral se valorará atendiendo a las circunstancias de la infracción y a la gravedad de la lesión.

d) No se contempla la indemnización por daño moral.

25. Es cierto que en el proceso jurisdiccional en que se haya suscitado una cuestión de discriminación por motivo de o por razón de discapacidad:

a) Corresponderá a la parte demandante la aportación de una justificación objetiva y razonable, suficientemente probada, de la conducta y de las medidas demandadas.

b) El Juez o Tribunal, a instancia de parte, podrá recabar informe o dictamen de los organismos públicos competentes.

c) Si de las alegaciones de la parte actora se deduce la existencia de indicios fundados de discriminación que lleven a un proceso penal, corresponderá a la parte demandada la aportación de una justificación objetiva y razonable, suficientemente probada, de la conducta y de las medidas adoptadas y de su proporcionalidad.

d) En un proceso contencioso-administrativo contra resolución sancionadora por las alegaciones de la parte actora con indicios fundados de discriminación, corresponderá a la parte demandada la aportación de una justificación objetiva y razonable, suficientemente probada, de la conducta y de las medidas adoptadas y de su proporcionalidad.

Solución al test n.º 7

1. d) Discriminación por asociación.

2. b) Inclusión social.

3. a) El Observatorio Estatal de la Discapacidad.

4. c) Dificultades sociales.

5. a) Problemas para participar en situaciones vitales.

6. b) Real decreto legislativo 1/2013, de 29 de noviembre.

7. a) Discriminación directa.

8. d) Igualdad de oportunidades.

9. b) Normalización.

10. c) Vida independiente.

11. d) Diálogo civil.

12. c) Transversalidad.

13. b) 33 %.

14. d) La igualdad de trato.

15. a) Acoso.

16. b) La accesibilidad universal.

17. d) Igualdad de trato.

18. a) El Real Decreto 888/2022, de 18 de octubre.

19. b) 5 clases.

20. a) Inherente/individual/independencia.

21. a) 4 %.

22. a) 4.

23. d) 44.

24. c) La indemnización por daño moral se valorará atendiendo a las circunstancias de la infracción y a la gravedad de la lesión.

25. b) El Juez o Tribunal, a instancia de parte, podrá recabar informe o dictamen de los organismos públicos competentes.

TEST N.º 8

Ley 31/1995, de 8 de noviembre, de Prevención de Riesgos Laborales: Capítulos I, II y III

1. La función de vigilancia y control de la normativa sobre prevención de riesgos laborales corresponde:

a) A la Dirección General de Personal y Desarrollo Profesional.
b) A la Delegación Provincial de Trabajo.
c) A la Inspección de Trabajo y Seguridad Social.
d) Al Servicio de Medicina Preventiva.

2. ¿Qué se entiende por "riesgo laboral"?

a) La posibilidad de que un trabajador sufra un determinado daño derivado del trabajo.
b) La posibilidad de que un trabajador sufra una enfermedad en el trabajo.
c) La posibilidad de que un trabajador sufra acoso.
d) El riesgo que supone el ir a trabajar.

3. ¿Quién debe garantizar a los trabajadores la vigilancia periódica de su estado de salud en función de los riesgos inherentes al trabajo?

a) La Inspección de Trabajo.
b) El propio trabajador.
c) El empresario.
d) Las secciones sindicales.

4. El derecho básico reconocido a los trabajadores por la Ley 31/1995, de 8 de noviembre, es:

a) La vigilancia de su estado de salud.
b) Una protección eficaz en materia de seguridad y salud en el trabajo.
c) La formación en materia preventiva.
d) La información, consulta y participación.

5. Indica cuál es la definición de prevención:

a) La probabilidad racional de que un riesgo se materialice de forma inminente.

b) El estudio de los procesos potencialmente peligrosos para el trabajo.

c) Conjunto de actividades o medidas adoptadas o previstas en todas las fases de actividad de la empresa con el fin de evitar o disminuir los riesgos derivados del trabajo.

d) Posibilidad de que un trabajador sufra un determinado daño derivado del trabajo.

6. Quedan bajo el ámbito de la Ley de Prevención de Riesgos Laborales:

a) La totalidad de las relaciones laborales reguladas en el Estatuto de los Trabajadores.

b) La totalidad de las relaciones laborales establecidas en el ámbito de las funciones públicas de policía y seguridad.

c) Las relaciones laborales de carácter especial del servicio del hogar familiar.

d) La totalidad de las relaciones laborales establecidas en los servicios operativos de protección civil y peritaje forense.

7. ¿Cuál es la vigente Ley de Prevención de Riesgos Laborales?

a) Ley 32/1995, de 8 de noviembre.

b) Ley 30/1996, de 8 de noviembre.

c) Ley 31/1995, de 6 de noviembre.

d) Ley 31/1995, de 8 de noviembre.

8. Entre los principios de la acción preventiva recogidos por el artículo 15 de la Ley de Prevención de Riesgos Laborales, no figura:

a) Evitar los riesgos.

b) Evaluar los riesgos que se puedan evitar.

c) Tener en cuenta la evolución de la técnica.

d) Dar las debidas instrucciones a los trabajadores.

9. Entre las obligaciones de los trabajadores recogidas por la Ley de Prevención de Riesgos Laborales, no figura:

a) Informar directamente al empresario de cualquier situación que entrañe riesgo para la seguridad o salud de los trabajadores.

b) Contribuir al cumplimiento de las obligaciones establecidas por la autoridad competente con el fin de proteger la seguridad y la salud de los trabajadores en el trabajo.

c) Cooperar con el empresario para que este pueda garantizar unas condiciones de trabajo que sean seguras y no entrañen riesgos para la seguridad y la salud de los trabajadores.

d) Utilizar correctamente los medios y equipos de protección facilitados por el empresario, de acuerdo con las instrucciones recibidas de este.

10. ¿Qué función corresponde a la Inspección de Trabajo y Seguridad Social?

a) Únicamente la función de vigilancia sobre prevención de riesgos laborales.
b) Únicamente la función de control de la normativa sobre prevención de riesgos laborales.
c) Tanto la función de vigilancia como la de control de la normativa sobre prevención de riesgos laborales.
d) Otras funciones, ajenas a la materia de prevención de riesgos laborales.

11. El órgano científico técnico especializado de la Administración General del Estado que tiene como misión el análisis y estudio de las condiciones de seguridad y salud en el trabajo, así como la promoción y apoyo a la mejora de las mismas, es:

a) El Instituto Nacional de Seguridad y Salud en el Trabajo.
b) La Comisión Nacional de Seguridad y Salud en el Trabajo.
c) El Instituto Carlos III.
d) El Centro Nacional de Promoción y Cuidados de la Salud.

12. La Presidencia de la Comisión Nacional de Seguridad y Salud en el Trabajo, corresponde a:

a) El titular del Ministerio competente en materia de Sanidad.
b) El titular del Ministerio competente en materia de Empleo.
c) El Secretario de Estado de Empleo.
d) El Director del Instituto Nacional de Seguridad y Salud en el Trabajo.

13. ¿Qué capítulo de la Ley 31/1995, de Prevención de Riesgos Laborales se refiere a los derechos y obligaciones?

a) Capítulo 2.
b) Capítulo 3.
c) Capítulo 4.
d) Capítulo 5.

14. La evaluación de los riesgos laborales es:

a) Es un proceso técnico en la organización del trabajo.
b) Un proceso dirigido a estimar la magnitud de los riesgos que no hayan podido evitarse.
c) Es un procedimiento estático.
d) Es una práctica para el control y la protección de los trabajadores.

15. En los casos de concurrencia de trabajadores de varias empresas en un centro de trabajo cuando existe un empresario principal, uno de los deberes de vigilancia por parte de este, consistirá en:

a) Impulsar la regulación de esquemas organizativos, que eviten los accidentes de trabajo.
b) Comprobar que las empresas contratistas y subcontratistas concurrentes en su centro de trabajo han establecido los necesarios medios de coordinación entre ellas.

c) Asegurar la correcta utilización por parte de los trabajadores de las empresas concurrentes de los correspondientes dispositivos de seguridad disponibles.

d) Asegurarse de que los trabajadores concurrentes disponen de la formación preventiva correspondiente.

16. Cuando los trabajadores estén expuestos a un riesgo grave e inminente con ocasión de su trabajo, y el empresario no adopte o no permita la adopción de las medidas necesarias para garantizar la seguridad y la salud de los trabajadores, la Ley 31/1995, de 8 de noviembre, de Prevención de Riesgos Laborales prevé:

a) Los trabajadores afectados podrán paralizar la actividad.

b) El órgano de representación del personal instará formalmente al empresario a la adopción de las medidas necesarias.

c) Los Delegados de Prevención lo comunicarán a la autoridad laboral, que adoptará las medidas necesarias.

d) El órgano de representación de personal podrá acordar la paralización de la actividad.

17. Según establece el art. 4 de la Ley 31/1995, de 8 de noviembre, de Prevención de Riesgos Laborales, se define como daños derivados del trabajo:

a) La posibilidad de que un trabajador sufra un determinado daño derivado del trabajo.

b) El que resulte probable racionalmente que se materialice en un futuro inmediato y pueda suponer y pueda suponer un daño grave para la salud de los trabajadores.

c) Las enfermedades, patologías o lesiones sufridas con motivo u ocasión del trabajo.

d) Cualquier máquina, aparato, instrumento o instalación utilizada en el trabajo.

18. El art. 10 de la LPRL establece las actuaciones que le corresponderán a las Administraciones Públicas en materia sanitaria. De las siguientes respuestas señale la incorrecta:

a) El establecimiento de medios adecuados para la evaluación y control de las actuaciones de carácter sanitario que se realicen en empresas por los servicios de prevención actuantes.

b) La supervisión de la formación que, en materia de prevención y promoción de la salud laboral, deba recibir el personal sanitario actuante en los servicios de prevención autorizados.

c) Elaborar los informes solicitados por los Juzgados de lo social en las demandas deducidas ante los mismos en los procedimientos de accidentes de trabajo y enfermedades profesionales.

d) La elaboración y divulgación de estudios, investigaciones y estadísticas relacionados con la salud de los trabajadores.

19. El art. 21 de la LPRL establece los requisitos y el procedimiento para que los representantes legales de los trabajadores acuerden la paralización de la actividad de los trabajadores que están o puedan estar expuestos a un riesgo grave e inminente si el empresario no adopta las medidas necesarias para garantizar la seguridad y salud de los trabajadores. La medida será adoptada por:

a) Acuerdo por mayoría absoluta de sus miembros. Tal acuerdo será comunicado de inmediato a la empresa y a la autoridad laboral, la cual, en el plazo de 48 horas, anulará o ratificará la paralización acordada.

b) Acuerdo por mayoría de 2/3 de sus miembros. Tal acuerdo será comunicado de inmediato a la empresa y a la autoridad laboral, la cual, en el plazo de 24 horas, anulará o ratificará la paralización acordada.

c) Acuerdo por mayoría de sus miembros. Tal acuerdo será comunicado de inmediato a la empresa y a la autoridad laboral, la cual, en el plazo de 48 horas, anulará o ratificará la paralización acordada.

d) Acuerdo por mayoría de sus miembros. Tal acuerdo será comunicado de inmediato a la empresa y a la autoridad laboral, la cual, en el plazo de 24 horas, anulará o ratificará la paralización acordada.

20. El art. 23 de la LPRL establece la documentación que el empresario debe elaborar y conservar a disposición de la autoridad laboral. De las siguientes no está incluido:

a) El Plan de prevención de riesgos laborales.

b) Evaluación de los riesgos para la seguridad y la salud en el trabajo.

c) La planificación de la actividad laboral.

d) La relación de accidentes de trabajo y enfermedades profesionales que hayan causado al trabajador una incapacidad laboral superior a un día de trabajo.

21. Los instrumentos esenciales para la gestión y aplicación del Plan de prevención de riesgos laborales son:

a) La evaluación de riesgos y la planificación de la actividad preventiva.

b) La evaluación inicial de riesgos y la formación.

c) La planificación y la gestión de la actividad preventiva.

d) La identificación y la evaluación de los riesgos.

22. El posible cambio de puesto de trabajo con riesgo para una trabajadora embarazada:

a) Deberá realizarse en caso de imposibilidad de adaptación del propio puesto.

b) Se hará previo informe en tal sentido del Servicio de Prevención.

c) Se determinará por el empresario, y dará información a los representantes de los trabajadores.

d) Se extenderá al período de lactancia.

23. La prevención de riesgos laborales deberá integrarse en el sistema general de gestión de la empresa a través de:

a) La política preventiva.
b) El plan de prevención.
c) El consenso de las partes.
d) El poder de decisión del empresario.

24. El objeto y carácter de la norma de la Ley 31/95 de Prevención de Riesgos Laborales dice:

a) La presente Ley tiene por objeto promover la salud de los trabajadores mediante la aplicación de medidas y el desarrollo de las actividades necesarias para la prevención de riesgos derivados del trabajo.
b) La presente Ley tiene por objeto promover la seguridad y la salud de los trabajadores mediante la aplicación de medidas y el desarrollo de las actividades necesarias para la prevención de riesgos derivados del trabajo.
c) La presente Ley tiene por objeto promover la seguridad de los trabajadores mediante la aplicación de medidas y el desarrollo de las actividades necesarias para la prevención de riesgos derivados del trabajo.
d) La presente Ley tiene por objeto promover la seguridad, la salud de los trabajadores y la negociación entre empresa y delegados de prevención, mediante la aplicación de medidas y el desarrollo de las actividades necesarias para la prevención de riesgos derivados del trabajo.

25. Las normas reglamentarias en materia de prevención las dicta:

a) El Gobierno, a través de las correspondientes normas reglamentarias y previa consulta a las organizaciones sindicales y empresariales más representativas.
b) Los Delegados de Prevención.
c) Los Delegados de Prevención y el Empresario.
d) El Empresario.

26. La Comisión Nacional de Seguridad y Salud en el trabajo, está compuesta por:

a) Representantes de las organizaciones sindicales y empresariales.
b) Un representante de cada una de las Comunidades Autónomas y representantes de las organizaciones sindicales y empresariales.
c) Representantes de la Administración y representantes de las organizaciones sindicales y empresariales.
d) Un representante de cada una de las Comunidades Autónomas y por igual número de miembros de la Administración General del Estado y, paritariamente con todos los anteriores, por representantes de las organizaciones empresariales y sindicales más representativas.

27. La acción preventiva en la empresa:

a) Se planificará por el Comité de Seguridad y Salud a partir de una evaluación inicial de riesgos.
b) Se planificará por los Delegados de Prevención a partir de una evaluación inicial de riesgos.
c) Se planificará por el empresario a partir de una evaluación inicial de riesgos.
d) Se planificará por los Delegados de Personal a partir de una evaluación inicial de riesgos.

28. ¿Cuándo se deben utilizar los equipos de protección individual?

a) Siempre.
b) Cuando los riesgos no hayan sido evaluados.
c) Cuando los riesgos no se puedan evitar o no puedan limitarse.
d) Cuando el trabajador lo estime oportuno.

29. ¿Debe el trabajador prestar su consentimiento para que le realicen vigilancia de la salud?

a) No.
b) Sí.
c) Depende del número de trabajadores de la empresa.
d) Esta prestación es solo para personal fijo en la empresa.

30. La información y formación de los trabajadores, debe ser asesorada y apoyada a la empresa por:

a) Por los Delegados de Prevención.
b) Por las Secciones Sindicales.
c) Por la Inspección de Trabajo y Seguridad Social.
d) Por los Servicios de Prevención.

Solución al test n.º 8

1. c) A la Inspección de Trabajo y Seguridad Social.

2. a) La posibilidad de que un trabajador sufra un determinado daño derivado del trabajo.

3. c) El empresario.

4. b) Una protección eficaz en materia de seguridad y salud en el trabajo.

5. c) Conjunto de actividades o medidas adoptadas o previstas en todas las fases de actividad de la empresa con el fin de evitar o disminuir los riesgos derivados del trabajo.

6. a) La totalidad de las relaciones laborales reguladas en el Estatuto de los Trabajadores.

7. d) Ley 31/1995, de 8 de noviembre.

8. b) Evaluar los riesgos que se puedan evitar.

9. a) Informar directamente al empresario de cualquier situación que entrañe riesgo para la seguridad o salud de los trabajadores.

10. c) Tanto la función de vigilancia como la de control de la normativa sobre prevención de riesgos laborales.

11. a) El Instituto Nacional de Seguridad y Salud en el Trabajo.

12. c) El Secretario de Estado de Empleo.

13. b) Capítulo 3.

14. b) Un proceso dirigido a estimar la magnitud de los riesgos que no hayan podido evitarse.

15. b) Comprobar que las empresas contratistas y subcontratistas concurrentes en su centro de trabajo han establecido los necesarios medios de coordinación entre ellas.

16. d) El órgano de representación de personal podrá acordar la paralización de la actividad.

17. c) Las enfermedades, patologías o lesiones sufridas con motivo u ocasión del trabajo.

18. c) Elaborar los informes solicitados por los Juzgados de lo social en las demandas deducidas ante los mismos en los procedimientos de accidentes de trabajo y enfermedades profesionales.

19. d) Acuerdo por mayoría de sus miembros. Tal acuerdo será comunicado de inmediato a la empresa y a la autoridad laboral, la cual, en el plazo de 24 horas, anulará o ratificará la paralización acordada.

20. c) La planificación de la actividad laboral.

21. a) La evaluación de riesgos y la planificación de la actividad preventiva.

22. a) Deberá realizarse en caso de imposibilidad de adaptación del propio puesto.

23. b) El plan de prevención.

24. b) La presente Ley tiene por objeto promover la seguridad y la salud de los trabajadores mediante la aplicación de medidas y el desarrollo de las actividades necesarias para la prevención de riesgos derivados del trabajo.

25. a) El Gobierno, a través de las correspondientes normas reglamentarias y previa consulta a las organizaciones sindicales y empresariales más representativas.

26. d) Un representante de cada una de las Comunidades Autónomas y por igual número de miembros de la Administración General del Estado y, paritariamente con todos los anteriores, por representantes de las organizaciones empresariales y sindicales más representativas.

27. c) Se planificará por el empresario a partir de una evaluación inicial de riesgos.

28. c) Cuando los riesgos no se puedan evitar o no puedan limitarse.

29. b) Sí.

30. d) Por los Servicios de Prevención.

PARTE ESPECÍFICA

TEST

TEST N.º 1

La alimentación, la salud y el desarrollo. Proteínas, vitaminas, minerales, hidratos de carbono; calorías; el valor bromatológico de los alimentos. Confección de menús. Dietas terapéuticas básicas. Medidas sanitarias de orden general; medidas específicas para la prevención de riesgos, con mención específica a los residuos de cocina

1. ¿Cuál es la principal función de las grasas en el organismo?

a) Reserva energética.
b) Aceleran la velocidad de las reacciones metabólicas.
c) Forman todos los tejidos del cuerpo.
d) Todas son correctas.

2. Indica la respuesta correcta:

a) Los minerales proporcionan energía.
b) Los minerales forman parte de los huesos y dientes.
c) El magnesio es un mineral.
d) Las opciones b) y c) son correctas.

3. ¿Cuál de los siguientes productos contienen azúcares de absorción rápida?

a) Cereales.
b) Patatas.
c) Naranja.
d) Pasteles.

4. ¿Qué es el ácido fólico?

a) Vitamina B6.
b) Vitamina C.
c) Vitamina B9.
d) Un mineral.

5. ¿Qué representa la pirámide de los alimentos en su base?

a) Alimentos de consumo frecuente.
b) Alimentos y bebidas para los que se recomienda un consumo opcional, más ocasional y moderado.
c) Actividad física y equilibrio emocional entre otros.
d) Todas las respuestas son correctas.

6. Todo agente físico, químico o biológico presente en un alimento, o toda condición física, química o biológica de un alimento que pueda causar un efecto perjudicial para la salud, se denomina:

a) Comunicación del riesgo.
b) Factor de peligro.
c) Evaluación del riesgo.
d) Gestión del riesgo.

7. Según el Reglamento (UE) 2117/2158 de la Comisión, de 20 de noviembre de 2017 por el que se establecen medidas de mitigación y niveles de referencia para reducir la presencia de acrilamida en los alimentos; de los siguientes alimentos opte por aquel o aquellos que están afectados por las medidas de mitigación en restauración para reducir la presencia de acrilamida:

a) El pan.
b) Las carnes a la brasa.
c) Los pescados al horno.
d) El pescado ahumado.

8. Se define alimentación como:

a) Disciplina que estudia los regímenes alimenticios en la salud o en la enfermedad (dietoterapia), de acuerdo con los conocimientos sobre fisiología de la nutrición en el primer caso y sobre la fisiopatología del trastorno en cuestión en el segundo.
b) Proceso voluntario que tiene como objetivo el obtener del entorno alimentos con los que poder aportar a nuestro organismo los nutrientes que precisa para la vida.
c) Conjunto de procesos mediante los cuales el organismo utiliza, transforma e incorpora en sus propias estructuras una serie de sustancias que proceden de los alimentos con el objetivo de obtener energía, construir y reparar las estructuras orgánicas, y regular los diferentes procesos metabólicos.
d) Adaptación de la alimentación a las diferentes alteraciones metabólicas y/o digestivas producidas por una patología, siempre a través del uso balanceado de los diferentes grupos de alimentos.

9. ¿Cuál de las siguientes respuestas es falsa?

a) La alimentación es un proceso involuntario.
b) La nutrición es el conjunto de procesos mediante los cuales el organismo utiliza, transforma e incorpora en sus propias estructuras una serie de sustancias que proceden de los alimentos con el objetivo de obtener energía, construir y reparar las estructuras orgánicas, y regular los diferentes procesos metabólicos.
c) La alimentación se encuentra influida por factores socioeconómicos, psicológicos y geográficos.
d) La función de los nutrientes es aportar energía, aminoácidos o elementos reguladores del metabolismo.

10. ¿Cuál de los siguientes principios inmediatos es inorgánico?

a) Glúcidos.
b) Proteínas.
c) Agua.
d) Lípidos.

11. ¿En qué alimentos encontramos hierro?

a) En las carnes.
b) En los pescados.
c) En los mariscos.
d) Todas las respuestas son correctas.

12. ¿Cuál de los siguientes glúcidos tiene función estructural?

a) Almidón.
b) Glucógeno.
c) Sacarosa.
d) Celulosa.

13. ¿Cuál de las siguientes respuestas es falsa, si hablamos del grupo de las grasas?

a) También reciben el nombre de lípidos.
b) Constituyen un grupo de sustancias muy diversas.
c) Tienen en común ser solubles en agua e insolubles en disolventes orgánicos como la gasolina, benceno, cloroformo, etc.
d) Su principal función es de reserva energética, en concreto los triglicéridos (contienen 3 ácidos grasos unidos a un glicerol).

14. Indica cuál de las siguientes funciones es propia de las grasas:

a) Reserva energética.
b) Síntesis de estructuras como las membranas celulares.

c) Aislantes térmicos.

d) Todas las respuestas son correctas.

15. ¿Qué moléculas forman las proteínas?

a) Aminoácidos.

b) Monosacáridos.

c) Ácidos grasos.

d) Fibra.

16. ¿Cuál de las siguientes vitaminas son liposolubles?

a) Vitamina C.

b) Tiamina.

c) Retinol.

d) Ácido fólico.

17. ¿Quién se encarga de elaborar el plan dietético en un menú hospitalario?

a) La Unidad de Nutrición Clínica y Dietética en colaboración con el Servicio de alimentación.

b) El cocinero.

c) Las enfermeras.

d) Los auxiliares de cocina.

18. ¿Cuál de las siguientes afirmaciones sobre los menús hospitalarios es falsa?

a) La planificación de la alimentación especial engloba todas las dietas terapéuticas codificadas, las no codificadas y las personalizadas.

b) Las dietas terapéuticas codificadas, las no codificadas y las personalizadas son independientes de la dieta basal.

c) En ocasiones, el menú basal permite múltiples elecciones para mejorar así la aceptabilidad por parte del usuario, sobre todo de aquel que tiene una larga estancia y con el objetivo de mejorar su estado nutricional y calidad de vida.

d) Todas son correctas.

19. ¿Cuál no es un requisito para la planificación de los menús de las dietas terapéuticas y personalizadas?

a) Cuidado del valor visual de los alimentos con una presentación atractiva y apetecible.

b) Control higiénico y organoléptico de todo el proceso de producción y distribución.

c) Mantenimiento de la temperatura hasta el servicio al paciente.

d) Restricciones no justificadas.

20. ¿Qué requisitos generales deben cumplir las dietas?

a) Aportar suficiente energía.
b) Completa y equilibrada.
c) Adecuada para el objetivo previsto.
d) Todas las respuestas son correctas.

21. ¿Qué significa que una dieta sea equilibrada?

a) Que aporte suficiente energía para llevar a cabo la actividad diaria, sin menoscabo para la salud.
b) Que contiene todos los nutrientes.
c) Que los nutrientes presentes en la dieta estén además en proporción adecuada.
d) Que es adecuada para el objetivo que pretende la dieta en sí, a la salud de cada persona, y a los hábitos de la población.

22. ¿Qué otros factores son importantes a la hora de diseñar un menú?

a) Que las necesidades nutricionales sean las mismas independientemente del colectivo del que se trate.
b) Los hábitos alimentarios.
c) Que se utilicen alimentos variados, independientemente de la estación del año, y la localización geográfica.
d) Todas las respuestas son correctas.

23. ¿Cuál es el primer paso en la planificación de menús?

a) Estudio de necesidades.
b) Establecimiento de la fórmula dietética.
c) Distribución del valor calórico total.
d) Estructura básica del menú.

24. ¿Qué indica la fórmula dietética?

a) El reparto del aporte calórico entre las distintas tomas.
b) El contenido de los alimentos ingeridos a lo largo del día, tanto cuantitativamente como cualitativamente.
c) La especificación de menús completos y la distribución semanal.
d) La estructura básica del menú diario.

25. ¿Qué significa que la proteína del menú aportará 15 – 20 % VCT?

a) Que la proteína que contiene el menú aportará entre un 15 o 20 por ciento de la cantidad de energía que la dieta debe proporcionar a lo largo del día.
b) Que el valor calórico total de un menú debe ser 15 o 20.

c) Que el 15 o 20 % de toda la dieta debe ser proteína.
d) Ninguna respuesta es correcta.

26. ¿Qué indica la estructura básica del menú?

a) La distribución calórica en comidas.
b) Describe el patrón de comidas diario por grupos de alimentos.
c) Los platos que componen cada menú.
d) Ninguna respuesta es correcta.

27. ¿En qué factores no se centrará la evaluación de las dietas?

a) Aseguramiento de la adecuación nutricional.
b) Valoración de la satisfacción del cliente.
c) Estudio de la salud del paciente.
d) a y b son correctas.

28. ¿Qué características debe tener un manual de dietas?

a) Sólo debe ser comprensible por personal especializado.
b) Incluirá las dietas que respondan a los tratamientos específicos aplicados en el propio Centro.
c) Será elaborado por el médico.
d) Ninguna respuesta es correcta.

29. ¿Qué información no viene reflejada en el manual de dietas?

a) Denominación de la dieta.
b) Indicaciones y objetivos.
c) Nombre del paciente y patología.
d) Características de la dieta.

30. De las cinco comidas diarias, ¿cuál de ellas aporta un mayor VCT?

a) Desayuno.
b) Comida.
c) Merienda.
d) Cena.

31. ¿En qué consiste la codificación de las dietas?

a) En aplicar a cada dieta un código con el fin de simplificar la clasificación y facilitar la localización de las mismas.
b) En aplicar un código alfanumérico secreto.
c) En ponerle el nombre del paciente que recibe la dieta.
d) En racionar la dieta en porciones individuales.

32. ¿Qué factores pueden determinar la variedad de los menús?

a) Tipo de pacientes y estancia media.
b) Actividad sanitaria.
c) Tecnología, instalaciones y maquinaria usadas en cocina.
d) Todas las respuestas son correctas.

33. ¿Cuáles son los criterios de selección de platos?

a) Nutricionales y terapéuticos.
b) Tecnológicos y económicos.
c) De calidad.
d) Todos los anteriores son criterios de selección de platos.

34. ¿Qué se evitará en los platos seleccionados?

a) El exceso de elementos grasos.
b) El bajo contenido en azúcares simples.
c) El aporte variado de nutrientes.
d) Todas las respuestas son correctas.

35. ¿Qué criterio de elaboración es correcto?

a) No utilizar técnicas de fritura.
b) Usar preferentemente técnicas de cocción que no aporten demasiado contenido graso.
c) Usar siempre el estofado.
d) Todas las respuestas son correctas.

36. ¿Cuáles son criterios organizacionales?

a) Participación de personal especializado.
b) Organización que permita la correcta elaboración de los platos.
c) Capacidad para preparar los platos necesarios con el personal disponible.
d) Todas las respuestas son correctas.

37. ¿Cuáles son criterios tecnológicos?

a) El sistema utilizado será suficiente y adecuado para los procesos a realizar.
b) La maquinaria será superior a la necesidad productiva para evitar falta de medios.
c) El sistema utilizado deberá interferir en las cualidades del plato acabado.
d) Estará sujeta a unos presupuestos.

38. ¿Para qué es importante la presentación del plato?

a) Para dar un acabado más atractivo y apetitoso.
b) Para aumentar el contenido nutricional.

c) Para resaltar los condimentos.
d) Ninguna respuesta es correcta.

39. ¿Qué relación habrá entre un primer y un segundo plato de un menú?

a) Se complementarán.
b) Se repetirán los mismos componentes básicos en uno y otro.
c) Se utilizarán elaboraciones similares en el mismo menú.
d) Todas las respuestas son correctas.

40. ¿Cuál de los platos, como norma general y salvo restricciones de la dieta, llevará más hidratos de carbono?

a) El primero.
b) El segundo.
c) Los dos llevarán la misma composición en hidratos.
d) Solo contiene hidratos de carbono el postre.

41. ¿Qué es la ficha técnica de los platos?

a) Un manual de dietas.
b) Un documento donde se exponen las características de la materia prima.
c) Un documento donde se exponen las características de un plato.
d) La historia de las necesidades del paciente.

42. ¿Qué dato sobre los ingredientes aparecerá en la ficha técnica?

a) Tipo.
b) Información cualitativa.
c) Información cuantitativa.
d) Todas las respuestas son correctas.

43. ¿Cómo se expresará el valor nutritivo de un plato?

a) Como porcentaje de calorías.
b) Como Valor Calórico Total.
c) Como Calorías por ingrediente.
d) Ninguna respuesta es correcta.

44. ¿Cómo se define el gramaje?

a) Valor calórico total.
b) Volumen comestible.
c) Peso comestible.
d) Unidades comestibles.

45. ¿El cocinero puede introducir modificaciones a las indicaciones de la ficha técnica de un plato?

a) Sí, siempre que mejoren la calidad.
b) Solo si afectan a las características cualitativas.
c) Solo si afectan a las características cuantitativas.
d) No.

46. Dentro de la ficha técnica, ¿cuáles se consideran segundos platos?

a) Solo los que llevan guarnición.
b) Solo los que no llevan guarnición.
c) Alimentos que se pueden servir cuando un paciente pierde una comida.
d) Segundos platos para almuerzos y cenas, con o sin guarnición.

47. ¿En qué consiste la estandarización?

a) En especificar la cantidad y calidad de la materia prima.
b) En dejar libertar para elegir el proceso que mejor se adapte al plato.
c) En especificar el horario de elaboración.
d) Todas las respuestas son correctas.

48. ¿Cómo se define el tamaño de la ración?

a) En función del aporte nutricional de los ingredientes.
b) Teniendo en cuenta la variación de agua que se evapora.
c) Considerando las especias utilizadas.
d) Todas las respuestas son correctas.

49. ¿A cuántos gramos equivalen 3,5 kilos de un producto?

a) A 3000 gramos.
b) A 350 gramos.
c) A 3500 gramos.
d) A 35 gramos.

50. ¿Cómo se calcula la cantidad a preparar de cada alimento?

a) El número de comensales pasado a gramos.
b) Un kilo por cada 5 comensales.
c) El resultado de multiplicar el número de personas por la cantidad de género necesario para cada uno.
d) Ninguna respuesta es correcta.

51. ¿Qué peso de cada verdura llevará un plato compuesto por varias diferentes?

a) Entre 200 y 250 gramos en total.
b) Se divide el peso total entre el número de hortalizas.
c) El peso total de cada una de las verduras.
d) Son correctas las respuestas a) y b).

52. ¿Qué es el factor comestible?

a) Es el resultado final en peso que nos da un género después de descontadas las mermas propias originadas por la limpieza en crudo, almacenamiento y cocinado.
b) Es el peso que nos da un género sin descontar las mermas propias originadas por la limpieza en crudo, almacenamiento y cocinado.
c) Es la cantidad de producto que compone una ración.
d) Ninguna respuesta es correcta.

53. ¿Cómo se define la ración neta?

a) La ración neta se entiende limpia de grasas, huesos, espinas, etc., que se sitúa entre ciento cincuenta y ciento ochenta gramos por persona, salvo algún tipo de corte especial o pieza de ración.
b) La ración neta se entiende limpia de grasa, huesos y espinas. Se sitúa en todo caso entre 250 y 500 gramos.
c) No se puede definir la ración neta porque depende del tipo de producto.
d) La ración neta se define como la pieza de tamaño pequeño que no supere los 250 gramos.

54. ¿Cuántas raciones aproximadas salen de 1 kg de salmón?

a) 2 raciones.
b) 3 raciones.
c) 4 raciones.
d) 5 raciones.

55. De un asado de carne con hueso, ¿qué peso constituye una ración?

a) 1 kg.
b) ½ kg.
c) ¼ kg.
d) 1/10 kg.

56. ¿Qué consecuencia tendrá un tiempo excesivo de cocción en el pescado?

a) Merma del producto.
b) Mayor aprovechamiento.

c) Mayor calidad higiénica por eliminación de parásitos.

d) Todas las respuestas son correctas.

57. ¿Cuál de estos alimentos tendrá mayor factor comestible?

a) Almejas.

b) Mejillones.

c) Pulpo.

d) Langosta.

58. ¿Cuál de estas hortalizas tiene mayor peso aprovechable?

a) Alcachofa.

b) Judías tiernas

c) Coliflor.

d) Lechuga.

59. ¿Qué puede ocurrir cuando el alimento es contaminado por microorganismos y tiene cambios en sus características organolépticas?

a) Probablemente sea rechazado antes de su consumo.

b) Hay mayor riesgo.

c) La contaminación es más grave.

d) Es salmonelosis.

60. ¿Cómo se denominan las sustancias tóxicas producidas por microorganismos en los alimentos?

a) Proteínas.

b) Microbicinas.

c) Toxinas.

d) Intoxicaciones.

61. Uno de los factores que influyen en el desarrollo de las enfermedades de transmisión alimentaria es:

a) Contaminación cruzada entre productos crudos y cocinados.

b) Cocción insuficiente de los alimentos.

c) Mantener los alimentos a temperatura ambiente en lugar del refrigerador.

d) Todas son correctas.

62. Ante una infección o intoxicación alimentaria, se debe:

a) Comunicarlo de inmediato a la autoridad sanitaria competente.

b) Tratar de recordar y anotar la relación de menús y alimentos. Consumidos por el grupo de personas afectadas, así como la fecha y el lugar donde se adquirieron.

c) Conservar aislados y refrigerados del resto de alimentos, ya que su análisis puede ser decisivo a la hora de encontrar la causa del problema.

d) Todas son correctas.

63. ¿Cómo se denominan las enfermedades alimentarias debidas a la toxina de un microorganismo?

a) Infecciones alimentarias.
b) Intoxicaciones alimentarias.
c) Toxiinfecciones alimentarias.
d) Enfermedades metabólicas.

64. ¿En qué caso es más elevada la aparición de toxiinfecciones alimentarias?

a) Paisas desarrollados.
b) Invierno.
c) Verano.
d) No hay variaciones.

65. ¿Quién tiene mayor riesgo de padecer los síntomas de una toxiinfección alimentaria?

a) Ancianos.
b) Adultos sanos.
c) Mujeres.
d) Todos estos colectivos de población tienen el mismo riesgo.

66. ¿Qué modificaciones físicas pueden sufrir los alimentos como consecuencia de alteraciones provocadas por microorganismos?

a) En la consistencia.
b) En la composición.
c) En la acidez.
d) En la formación de gases.

67. ¿Qué tipo de alimento es el arroz?

a) Perecedero.
b) Semiperecedero.
c) No perecedero.
d) Inestable.

68. ¿Qué condiciones favorecen el desarrollo de microorganismos en el alimento?

a) Composición del alimento.
b) Contenido en agua.

c) Temperatura.
d) Todas estas condiciones influyen.

69. ¿A qué temperatura mueren la mayoría de los microorganismos?

a) A -18 ºC.
b) A 50 ºC.
c) A 65 ºC.
d) A 100 ºC.

70. ¿Por qué sobre el limón no crecen muchos microorganismos?

a) Por su acidez.
b) Por su escaso contenido en agua.
c) Por la falta de nutrientes.
d) Por la temperatura de conservación.

71. ¿Qué es un contaminante?

a) Microorganismos que se añaden al yogur para que fermente.
b) Aditivos autorizados.
c) Elementos que se incorporan de manera involuntaria al alimento, y que pueden tener consecuencias negativas sobre la salud del consumidor.
d) Todas las respuestas son correctas.

72. ¿Cuál/es de las siguientes son bacterias?

a) *Clostridium*.
b) *Brucella*.
c) *Escherichia coli*.
d) Todas las anteriores.

73. ¿Cuáles de los siguientes son parásitos?

a) Salmonella, Clostridium y Vibrio.
b) Hepatitis, Norwalk y Virus de la encelopatía espongiforme bovina.
c) Triquina, Anisakis y protozoos.
d) Todas las respuestas son correctas.

74. ¿En qué alimentos es más fácil la contaminación bacteriana?

a) Aceite.
b) Azúcar.
c) Leche.
d) Harina.

75. ¿Qué son las bacterias anaerobias?

a) Las que necesitan oxígeno para vivir.
b) Las que viven en ausencia de oxígeno.
c) Las que permanecen latentes en condiciones adversas.
d) Ninguna respuesta es correcta.

76. ¿En qué condiciones se desarrolla la bacteria Salmonella?

a) A temperatura ambiente.
b) En la carne picada.
c) En la leche sin pasteurizar.
d) Todas las respuestas indican condiciones adecuadas para el desarrollo de la bacteria.

77. ¿Cómo se destruye el *Clostridium botulinum*?

a) Por congelación.
b) A 65 ºC en el centro del producto.
c) A 120 ºC durante 20 minutos.
d) No se destruye con la temperatura.

78. ¿Cuál de las siguientes bacterias se puede encontrar en las ostras?

a) Yersinia.
b) *Campylobacter.*
c) *Bacillus.*
d) Estafilococo.

79. ¿Cuál de las siguientes bacterias se puede encontrar en la harina?

a) Yersinia.
b) *Campylobacter.*
c) *Bacillus.*
d) Estafilococo.

80. ¿Qué síntomas se producen en la brucelosis?

a) Fiebre, dolor de cabeza y pérdida de apetito.
b) Fiebre, dolor muscular y parálisis facial.
c) Diarreas hemorrágicas.
d) Ninguno de los anteriores.

81. ¿Qué es un Vibrio?

a) Una bacteria.
b) Un virus.

c) Una toxina.
d) Un parásito.

82. ¿De dónde proceden las micotoxinas?

a) Alimentos.
b) Hongos.
c) Agua.
d) Vías respiratorias altas.

83. ¿Qué problemas causa el virus Norwalk?

a) Hemorragia.
b) Parálisis.
c) Gastroenteritis.
d) Muerte.

84. ¿Qué enfermedad es la encefalopatía espongiforme bovina?

a) Enfermedad de las vacas locas.
b) Hepatitis A.
c) Cólera.
d) Ninguna de las anteriores.

85. ¿Qué alimento puede portar el parásito causante de la triquinosis?

a) Fruta.
b) Pescado.
c) Carne.
d) Verdura.

86. ¿Qué enfermedad se previene con la congelación del pescado?

a) Anisomiasis.
b) Botulismo.
c) Gastroenteritis.
d) Hepatitis.

87. ¿Dónde se desarrolla Giardia?

a) En la carne.
b) En la tierra.
c) En el agua.
d) En los ganglios.

88. ¿Cuáles de los siguientes son contaminantes abióticos?

a) Metales pesados.
b) Insectos.
c) Hongos.
d) Protozoos.

89. ¿Cómo se denomina la aparición en dos o más personas en un mismo lugar, de una enfermedad debida a una infección?

a) Toxiinfección.
b) Brote epidemiológico.
c) Pandemia.
d) Zoonosis.

90. ¿En qué consiste la vigilancia epidemiológica?

a) En hacer control de calidad.
b) Es un plan de prevención de riesgos alimentarios.
c) En realizar estudios de los brotes para determinar la causa y proponer medidas.
d) Es una red de control del comercio de productos alimenticios.

91. La *Listeria monocytogenes* responsable de la listeriosis, es:

a) Una bacteria patógena.
b) Una bacteria esporulada.
c) Un norovirus.
d) Un rotavirus.

92. ¿A qué temperatura se destruye la toxina botulínica?

a) A -24ºC durante 2 días
b) A 80 ºC durante al menos 10 minutos
c) A la misma que las esporas.
d) Son correctas las respuestas b) y c).

93. ¿Qué medidas preventivas son eficaces frente a la transmisión de Listeria?

a) Beber leche cruda.
b) Lavar bien la fruta y verdura cruda.
c) Asegurar la cocción adecuada de los alimentos.
d) Las respuestas b) y c) son correctas.

94. ¿Qué es el Saturnismo?

a) Una enfermedad bacteriana.
b) Una enfermedad producida por el acúmulo de plomo consumido.

c) Una enfermedad producida por el acúmulo de mercurio consumido.
d) Una enfermedad parasitaria.

95. Cuando se consume carne de ave que está infectada por *Campylobacter*, ¿qué tipo de transmisión se ha dado?

a) Contaminación en origen.
b) Contaminación indirecta.
c) Contaminación cruzada.
d) Contaminación horizontal.

96. ¿Es una causa de contaminación cruzada?

a) El manipulador es portador de una enfermedad.
b) Falta de higiene de las superficies.
c) Almacenamiento incorrecto de alimentos.
d) Todas las respuestas son correcta.

97. La enfermedad de Minamata está producida por la ingesta de:

a) Antibióticos.
b) Mercurio.
c) Anabolizantes.
d) Acrilamida.

98. ¿Cómo se garantiza el control del proceso de producción de alimentos?

a) Mediante el sello de calidad ISO.
b) Mediante la implantación del Sistema de Análisis de Peligros y Puntos de Control Crítico.
c) Contratando una auditoría externa.
d) Todas las respuestas son correctas.

99. ¿Qué es cierto sobre el sistema APPCC?

a) Define las medidas preventivas.
b) Tiene carácter correctivo.
c) Se aplica para el control una vez aparecido el problema.
d) Todas las respuestas son ciertas.

100. ¿Qué Real Decreto establece las normas de higiene para la elaboración, distribución y comercio de comidas preparadas?

a) 2584/2015.
b) 3484/1999.

c) 3484/2000.
d) 2584/2000.

101. ¿Para qué sirve el análisis cuando aparece un brote de toxiinfección alimentaria?

a) Para prevenir.
b) Para detectar rápidamente la causa.
c) Para eliminar la contaminación.
d) Para nada.

102. ¿Cómo son los procedimientos de autocontrol?

a) Adecuados a la naturaleza del alimento.
b) Adecuados a los procesos.
c) Adecuados a las características del establecimiento.
d) Debe cumplir las condiciones expuestas en a, b y c.

103. ¿Qué representa el plato testigo?

a) Las diferentes comidas preparadas, servidas y consumidas diariamente.
b) La muestra de uno de los platos servidos en menú y elegidos al azar.
c) Una muestra de comida contaminada.
d) Una muestra de comida en condiciones higiénicas no adecuadas.

104. ¿Qué definen los criterios microbiológicos?

a) Número de muestras a analizar.
b) Clase de microorganismos que se tratarán de detectar y cuantificar, y niveles aceptables.
c) Calor de los puntos críticos.
d) Si hay microorganismos presentes o no.

105. ¿Cómo se determina el valor aceptable de un punto de control crítico?

a) Estableciendo los límites críticos.
b) Con el último valor obtenido en los análisis.
c) Con la media de los valores obtenidos en los últimos análisis.
d) Es imposible determinar ese valor.

106. ¿En qué fase del sistema de autocontrol permanente se aplican los procedimientos de verificación?

a) Cuando se detectan puntos de control crítico.
b) Cuando se han implantado medidas correctoras.
c) Cuando se identifica un peligro.
d) Cuando hay un punto de control crítico que no está bajo control.

107. ¿Qué frecuencia tendrá el control de muestras testigo?

a) Diario.
b) Semanal.
c) Cada hora.
d) La que fije el programa de muestreo.

108. ¿Cuáles son las fases para el análisis microbiológico en los alimentos?

a) Toma de muestras.
b) Elección de un método.
c) Interpretación de los resultados.
d) Todas las respuestas son correctas.

109. ¿Con qué frecuencia se recogen las muestras?

a) Diaria.
b) Semanal.
c) Mensual.
d) No hay una frecuencia fija.

110. ¿Qué requisitos tendrá el método de análisis elegido?

a) Automatizado.
b) Moderno.
c) Aprobado por organismos de reconocido prestigio.
d) Mundialmente reconocido.

111. ¿Cuáles de estos datos se registrarán al recoger una muestra?

a) Fecha y lugar de recogida.
b) Procedencia y envasado.
c) Presencia de niveles anormales en alguno de los parámetros estudiados.
d) Se registrarán todos estos datos.

112. Si una muestra presenta contaminación, ¿cuál es la causa?

a) Contaminación de la materia prima.
b) Contaminación del plato elaborado.
c) Contaminación de la muestra durante la recogida.
d) Cualquiera de las causas anteriores es posible.

113. ¿Cuál es la temperatura adecuada para el traslado de muestras al laboratorio?

a) 1 – 2 ºC.
b) 4 – 6 ºC.

c) 10 – 18 ºC.
d) -18 ºC.

114. ¿Qué diferencia hay entre el emplatado de una ración normal y el del plato testigo?

a) El plato testigo será una porción menor.
b) El plato testigo se emplatará con mayor cuidado e higiene.
c) El plato testigo se mantendrá a temperaturas de congelación.
d) Se emplatarán en las mismas condiciones.

115. ¿En qué momento se realiza el emplatado?

a) Tras la elaboración.
b) Después de la distribución y servicio.
c) Inmediatamente después de la congelación.
d) Todas las respuestas son correctas.

116. ¿Cuál es la labor del bromatólogo en el emplatado?

a) Vigilancia del proceso.
b) Vigilancia del producto.
c) Vigilancia de la temperatura.
d) Todas las respuestas son correctas.

117. ¿Qué riesgo tiene mantener la comida preparada a temperatura inadecuada?

a) El aumento excesivo de sabor.
b) La volatilización de los aromas.
c) El crecimiento de microorganismos.
d) No tiene ningún riesgo.

118. En la limpieza de las bandejas, el primer lavado se realiza:

a) Con productos desincrustantes y poder bactericida.
b) Con elementos restauradores.
c) Con elementos anticalcáreos.
d) Con elementos oxigenados.

119. La maquinaria se debe limpiar:

a) Una vez a la semana.
b) Cada quince días.
c) Cada vez que se utilice.
d) Cada mes.

120. Las mesas de trabajo en una cocina se fregarán con:

a) Agua y lejía.
b) Agua jabonosa.
c) Agua limpia con bactericida.
d) Producto desincrustante.

121. ¿Cuál de los siguientes equipos se limpian con detergente antigrasa?

a) Las marmitas y rustideras fijas.
b) Los fregaderos.
c) Los lavamanos.
d) La b) y la c) son correctas.

122. Se entiende por cuerpo de cocina:

a) A las planchas y quemadores.
b) A los soportes para el menaje y bandejas recoge grasas.
c) Al módulo donde se genera el calor por distintas fuentes.
d) Ninguna de las anteriores.

123. ¿Qué es la plonge?

a) Un lavavajillas.
b) Es el lugar donde se lavan las marmitas, sartenes, cazuelas y elementos móviles del resto de equipamiento.
c) Es la zona de lavado de la vajilla.
d) Es la zona de lavado mecánico.

124. ¿Qué materiales se evitarán emplear en los equipos y los utensilios empleados en la manipulación de alimentos?

a) Materiales inalterables.
b) De acero inoxidable.
c) De madera.
d) Resistentes a la corrosión y no tóxicos.

125. ¿Qué afirmación es incorrecta sobre los equipos y utensilios empleados en la manipulación de alimentos?

a) Las zonas de manipulación de alimentos dispondrán de accionamiento no manual, dotados de agua fría y caliente, dosificador de jabón líquido y bactericida y toallas de un solo uso.
b) Se recomiendan las máquinas de secado por aire en las cocinas, por su eficacia y no generar riesgos.

c) *La maquinaria auxiliar debe ser desmontable y de superficie lisa para facilitar su limpieza.*
d) Los materiales de los fregaderos deben ser resistentes e inalterables.

126. Mientras las bandeja pasan por el tren de lavado, los carros se someterán a un proceso de:

a) Prelavado.
b) Limpieza manual con detergente.
c) Desinfección química.
d) Limpieza automatizada con detergente.

127. ¿Qué elemento en el lavavajilla se emplea para que funcione óptimamente el sistema de descalcificación del agua?

a) Detergente.
b) Abrillantador.
c) Agua caliente.
d) Sal.

128. La limpieza de las cámaras frigoríficas ha de ser:

a) Diaria y una sola vez.
b) Diaria y tantas veces como sea necesario.
c) Cada tres días al menos.
d) Una vez a la semana es suficiente.

129. ¿Qué es incorrecto en la limpieza de marmitas y rustideras fijas?

a) Deben quedar, una vez limpios, en perfecto estado para su próxima utilización.
b) No requiere de un secado posterior a su enjuague de limpieza.
c) Deben ser fregados y limpiados cada vez que se han utilizado.
d) Para su limpieza usar agua con detergente antigrasa, y con abundante agua clara para el enjuague.

130. La limpieza y desinfección de los utensilios empleados en la cocina se realizará como mínimo:

a) Antes y después de cada jornada.
b) Después de cada jornada.
c) Cada dos días.
d) Cada tres días.

131. Los objetivos que se establecen respecto a los residuos, por orden de prioridad, son:

a) Reducción, reutilización, reciclado, eliminación y otras formas de valorización.
b) Reutilización, reciclado, reducción y eliminación.

c) Reciclado, reducción, reutilización y eliminación.
d) Eliminación, reciclado, reutilización y reducción.

132. ¿Qué es la valorización de los residuos?

a) Cualquier procedimiento que permita el aprovechamiento de los recursos contenidos en los residuos, sin poner en peligro la salud humana.
b) La reducción de los residuos.
c) La reutilización de los residuos, sin poner en peligro la salud humana.
d) Ninguna respuesta es correcta.

133. ¿Qué contenido contaminante lleva el agua procedente del fregado de la vajilla?

a) Restos de suciedades orgánicas.
b) Resto de productos.
c) Ambas respuestas son correctas.
d) Ambas respuestas son falsas.

134. ¿Qué efectos tienen los fosfatos que componen los detergentes?

a) Eutrofización de las aguas.
b) Contaminación atmosférica.
c) Contaminación lumínica.
d) Cambios de pH.

135. ¿Qué es la biodegradabilidad?

a) La capacidad no contaminante.
b) La capacidad de ser degradado de forma natural.
c) Una propiedad de todos los detergentes.
d) La posibilidad de acumulación en los ríos.

136. ¿Qué requisitos debe cumplir el traslado interno de los residuos?

a) Supondrá un riesgo para el personal.
b) No se trasvasarán residuos de un envase a otro.
c) Los circuitos utilizados no serán de uso exclusivo.
d) Todas las respuestas son correctas.

137. ¿Qué afirmación es correcta sobre los restos de comida?

a) Los depósitos intermedios para residuos no tendrán salida al exterior para evitar el
acceso de personas no autorizadas.
b) Los depósitos intermedios serán refrigerados para evitar la proliferación de microorganismos.

c) Los depósitos intermedios no dispondrán de ventilación para evitar la propagación de olores.

d) Todas las afirmaciones anteriores son correctas.

138. ¿Qué se debe hacer con los aceites usados en cocina?

a) Deben recogerse en recipientes metálicos especiales para su posterior incineración.

b) Se tirarán por el desagüe.

c) No son contaminantes, por lo que no requieren ningún tratamiento especial.

d) Se depositan en los vertederos.

139. ¿Qué destino tienen los residuos sólidos urbanos?

a) Se incineran.

b) Se guardan en depósitos de seguridad.

c) Se depositan en vertederos controlados, según recoge la Ley de Residuos Sólidos Urbanos sobre recogida y tratamiento de desechos.

d) Se reciclan.

140. ¿Qué vitamina es fundamental para la visión?

a) A.

b) B.

c) C.

d) D.

141. ¿Qué enfermedad puede ser causada por insuficiencia de vitamina D?

a) Caries.

b) Enfermedades cardiovasculares.

c) Raquitismo.

d) Escorbuto.

142. ¿Qué es la riboflavina?

a) Una proteína.

b) Vitamina B2.

c) Vitamina E.

d) Una parte de las grasas.

143. ¿Por qué se produce el escorbuto?

a) Por exceso de vitamina C en la dieta.

b) Por una dieta deficitaria en vitamina C.

c) Por exceso de vitamina D en la dieta.

d) Por falta de vitamina D.

144. ¿Qué propiedades tiene la vitamina E?

a) Antioxidante.
b) Antirraquítica.
c) Coagulante.
d) Todas son correctas.

145. ¿Qué grasas son menos recomendables en la dieta?

a) Saturadas.
b) Insaturadas.
c) Sólidas.
d) Todas las grasas son del mismo tipo.

146. ¿Qué es un factor de peligro físico de un alimento?

a) Un agente extraño que se encuentran de manera accidental en un alimento.
b) Se trata de objetos, que no deberían formar parte del producto alimenticio.
c) Es cualquier material, que no debe estar presente en el alimento.
d) Todas son correctas.

147. ¿Cuál de los siguientes no es un factor de peligro en un alimento?

a) Insectos.
b) Pelo.
c) Huesos.
d) Azúcar.

148. ¿Cuál puede ser una consecuencia de encontrar un objeto en la comida?

a) Rotura de piezas dentales.
b) Cortes o pinchazos en la boca.
c) Problemas digestivos.
d) Todas son correctas.

149. Los contaminantes químicos más habituales en los alimentos son:

a) Micotoxinas.
b) Azucares elevados.
c) Grasas de mala calidad.
d) Objetos extraños.

150. Las Aflatoxinas (Aspergillus flavus y Aspergillus parasiticus):

a) Son micotoxinas producidas por hongos del género Aspergillus.
b) Son un grupo de toxinas producidas por hongos del género Fusarium.

c) Se encuentra con frecuencia en derivados de la manzana, como los zumos y la sidra.

d) Es una micotoxina producida por varias especies de hongos en el arroz, y que tiene efectos nefrotóxicos.

151. Las micotoxinas presentes en los alimentos pueden afectar la salud de las personas produciendo:

a) Cáncer y mutaciones.
b) Problemas gastrointestinales.
c) Problemas renales.
d) Todas son correctas.

152. ¿Cuáles son las principales toxinas de origen natural?

a) Los alcaloides.
b) Metales pesados.
c) Nitratos.
d) Acrilamidas.

153. El etilcarbamato:

a) Es un compuesto que se forma en los alimentos al ser tratados con calor.

b) Llega a los alimentos desde los materiales que entran en contacto con el mismo, o como resultado del uso de productos químicos fitosanitarios o veterinarios.

c) Se produce de manera natural en alimentos y bebidas fermentadas, especialmente las alcohólicas.

d) Es una sustancia química que se aplica en los cultivos para protegerlos de las plagas.

154. ¿Con que finalidad se añaden materiales activos e inteligentes a los alimentos?

a) Aromatizar y mejorar el aspecto del alimento.
b) Prolongar su vida útil, mantenerlo o mejorar el estado de los alimentos envasados.
c) Para garantizar la protección de la salud del consumidor.
d) Todas son correctas.

155. Los aromas alimentarios:

a) Se utilizan para modificar el aroma y textura del alimento.
b) Se utilizan para modificar el olor y el sabor del alimento.
c) Se utilizan para modificar el olor y el color del alimento.
d) Se utilizan para modificar el olor y la textura del alimento.

156. Las enzimas alimentarias:

a) Son proteínas con función catalizadora.
b) Son proteínas con función anabólica.
c) Son hidratos de carbono de cadena larga.
d) Son lípidos con función regeneradora.

Solución al test n.º 1

1. a) Reserva energética.

2. d) Las opciones b) y c) son correctas.

3. d) Pasteles.

4. c) Vitamina B9.

5. c) Actividad física y equilibrio emocional entre otros.

6. b) Factor de peligro.

7. a) El pan.

8. b) Proceso voluntario que tiene como objetivo el obtener del entorno alimentos con los que poder aportar a nuestro organismo los nutrientes que precisa para la vida.

9. a) La alimentación es un proceso involuntario.

10. c) Agua.

11. d) Todas las respuestas son correctas.

12. d) Celulosa.

13. c) Tienen en común ser solubles en agua e insolubles en disolventes orgánicos como la gasolina, benceno, cloroformo, etc..

14. d) Todas las respuestas son correctas.

15. a) Aminoácidos.

16. c) Retinol.

17. a) La Unidad de Nutrición Clínica y Dietética en colaboración con el Servicio de alimentación.

18. b) Las dietas terapéuticas codificadas, las no codificadas y las personalizadas son independientes de la dieta basal.

19. d) Restricciones no justificadas.

20. d) Todas las respuestas son correctas.

21. c) Que los nutrientes presentes en la dieta estén además en proporción adecuada.

22. b) Los hábitos alimentarios.

23. a) Estudio de necesidades.

24. b) El contenido de los alimentos ingeridos a lo largo del día, tanto cuantitativamente como cualitativamente.

25. a) Que la proteína que contiene el menú aportará entre un 15 o 20 por ciento de la cantidad de energía que la dieta debe proporcionar a lo largo del día.

26. b) Describe el patrón de comidas diario por grupos de alimentos.

27. c) Estudio de la salud del paciente.

28. b) Incluirá las dietas que respondan a los tratamientos específicos aplicados en el propio Centro.

29. c) Nombre del paciente y patología.

30. b) Comida

31. a) En aplicar a cada dieta un código con el fin de simplificar la clasificación y facilitar la localización de las mismas.

32. d) Todas las respuestas son correctas.

33. d) Todos los anteriores son criterios de selección de platos.

34. a) El exceso de elementos grasos.

35. b) Usar preferentemente técnicas de cocción que no aporten demasiado contenido graso.

36. d) Todas las respuestas son correctas.

37. a) El sistema utilizado será suficiente y adecuado para los procesos a realizar.

38. a) Para dar un acabado más atractivo y apetitoso.

39. a) Se complementarán.

40. a) El primero.

41. c) Un documento donde se exponen las características de un plato.

42. d) Todas las respuestas son correctas.

43. b) Como Valor Calórico Total.

44. c) Peso comestible.

45. d) No.

46. d) Segundos platos para almuerzos y cenas, con o sin guarnición.

47. a) En especificar la cantidad y calidad de la materia prima.

48. a) En función del aporte nutricional de los ingredientes.

49. c) A 3500 gramos.

50. c) El resultado de multiplicar el número de personas por la cantidad de género necesario para cada uno.

51. d) Son correctas las respuestas a) y b).

52. a) Es el resultado final en peso que nos da un género después de descontadas las mermas propias originadas por la limpieza en crudo, almacenamiento y cocinado.

53. a) La ración neta se entiende limpia de grasas, huesos, espinas, etc., que se sitúa entre ciento cincuenta y ciento ochenta gramos por persona, salvo algún tipo de corte especial o pieza de ración.

54. d) 5.

55. c) ¼ kg.

56. a) Merma del producto.

57. c) Pulpo.

58. b) Judías tiernas.

59. a) Probablemente sea rechazado antes de su consumo.

60. c) Toxinas.

61. d) Todas son correctas.

62. d) Todas son correctas.

63. b) Intoxicaciones alimentarias.

64. c) Verano.

65. a) Ancianos.

66. a) En la consistencia.

67. c) No perecedero.

68. d) Todas estas condiciones influyen.

69. d) A 100 ºC.

70. a) Por su acidez.

71. c) Elementos que se incorporan de manera involuntaria al alimento, y que pueden tener consecuencias negativas sobre la salud del consumidor.

72. d) Todas las anteriores.

73. c) Triquina, Anisakis y protozoo.

74. c) Leche.

75. b) Las que viven en ausencia de oxígeno.

76. d) Todas las respuestas indican condiciones adecuadas para el desarrollo de la bacteria.

77. c) A 120 ºC durante 20 minutos.

78. a) Yersinia.

79. c) Bacillus.

80. a) Fiebre, dolor de cabeza y pérdida de apetito.

81. a) Una bacteria.

82. b) Hongos.

83. c) Gastroenteritis.

84. a) Enfermedad de las vacas locas.

85. c) Carne.

86. a) Anisomiasis.

87. c) En el agua.

88. a) Metales pesados.

89. b) Brote epidemiológico.

90. c) En realizar estudios de los brotes para determinar la causa y proponer medidas .

91. a) Una bacteria patógena.

92. b) A 80 ºC durante al menos 10 minutos.

93. d) Las respuestas b) y c) son correctas.

94. b) Una enfermedad producida por el acúmulo de plomo consumido.

95. a) Contaminación en origen.

96. d) Todas las respuestas son correctas.

97. b) Mercurio.

98. b) Mediante la implantación del Sistema de Análisis de Peligros y Puntos de Control Crítico.

99. a) Define las medidas preventivas.

100. c) 3484/2000.

101. b) Para detectar rápidamente la causa.

102. d) Debe cumplir las condiciones expuestas en a, b y c.

103. a) Las diferentes comidas preparadas, servidas y consumidas diariamente.

104. b) Clase de microorganismos que se tratarán de detectar y cuantificar, y niveles aceptables.

105. a) Estableciendo los límites críticos

106. b) Cuando se han implantado medidas correctoras.

107. d) La que fije el programa de muestreo.

108. d) Todas las respuestas son correctas.

109. a) Diaria.

110. c) Aprobado por organismos de reconocido prestigio.

111. d) Se registrarán todos estos datos.

112. d) Cualquiera de las causas anteriores es posible.

113. b) 4 – 6 ºC.

114. d) Se emplatarán en las mismas condiciones.

115. a) Tras la elaboración.

116. d) Todas las respuestas son correctas.

117. c) El crecimiento de microorganismos.

118. a) Con productos desincrustantes y poder bactericida.

119. c) Cada vez que se utilice.

120. b) Agua jabonosa.

121. a) Las marmitas y rustideras fijas.

122. c) Al módulo donde se genera el calor por distintas fuentes.

123. b) Es el lugar donde se lavan las marmitas, sartenes, cazuelas y elementos móviles del resto de equipamiento.

124. c) De madera.

125. b) Se recomiendan las máquinas de secado por aire en las cocinas, por su eficacia y no generar riesgos.

126. c) Desinfección química.

127. d) Sal.

128. b) Diaria y tantas veces como sea necesario.

129. b) No requiere de un secado posterior a su enjuague de limpieza.

130. b) Después de cada jornada.

131. a) Reducción, reutilización, reciclado, eliminación y otras formas de valorización.

132. a) Cualquier procedimiento que permita el aprovechamiento de los recursos contenidos en los residuos, sin poner en peligro la salud humana.

133. c) Ambas respuestas son correctas.

134. a) Eutrofización de las aguas.

135. b) La capacidad de ser degradado de forma natural.

136. b) No se trasvasarán residuos de un envase a otro.

137. b) Los depósitos intermedios serán refrigerados para evitar la proliferación de microorganismos.

138. a) Deben recogerse en recipientes metálicos especiales para su posterior incineración.

139. c) Se depositan en vertederos controlados, según recoge la Ley de Residuos Sólidos Urbanos sobre recogida y tratamiento de desechos.

140. a) A.

141. c) Raquitismo.

142. b) Vitamina B2.

143. b) Por una dieta deficitaria en vitamina C.

144. a) Antioxidante.

145. a) Saturadas.

146. d) Todas son correctas.

147. d) Azúcar.

148. d) Todas son correctas.

149. a) Micotoxinas.

150. a) Son micotoxinas producidas por hongos del género *Aspergillus*.

151. d) Todas son correctas.

152. a) Los alcaloides.

153. c) Se produce de manera natural en alimentos y bebidas fermentadas, especialmente las alcohólicas.

154. b) Prolongar su vida útil, mantenerlo o mejorar el estado de los alimentos envasados.

155. b) Se utilizan para modificar el olor y el sabor del alimento.

156. a) Son proteínas con función catalizadora.

TEST N.º 2

Las cocinas, utensilios. Tratamiento y manipulación de los productos alimenticios. Normas y criterios para la elaboración de las comidas

1. A la hora de seleccionar una máquina de cocina, ¿qué factor/es se tendrá/n en cuenta?

a) Lugar de instalación.
b) Fórmulas de restauración a utilizar.
c) Capacidad de los equipos.
d) Todas las respuestas son correctas.

2. ¿Qué significa el concepto de marcha adelante?

a) Que no se deben cruzar las vías "sucias" y "limpias".
b) Que los alimentos no deben volver atrás en el proceso.
c) Que la distribución de la cocina debe estar determinada por el proceso.
d) Todas las respuestas son correctas.

3. El servicio de cocina hospitalaria, ¿será propio o ajeno?

a) Propio.
b) Ajeno.
c) Puede ser propio o ajeno.
d) Ya sea propio o ajeno, la cocina siempre estará situada en el centro.

4. Según el principio de marcha adelante, ¿cuál de las siguientes respuestas es correcta?

a) El proceso de emplatado irá en una sola dirección y no retrocederá en ningún momento.
b) La zona de lavado estará situada junto a la zona de preparación, para evitar que los platos sucios recorran largas distancias.
c) Los cubos de basura estarán al final de la zona de emplatado por si sobra algo, ya que los alimentos avanzarán desde las zonas sucias a las zonas limpias.
d) Todas las respuestas son correctas.

5. Si la gestión del servicio de cocina se externaliza, y la comida se elabora en las instalaciones del Hospital, ¿qué modalidad es aquella en la que la explotación de la cocina corresponde al personal del Centro Hospitalario, pero la provisión de materia prima se lleva a cabo a través de un proveedor externo?

a) Unidad de producción externa.
b) Unidad de producción interna y provisión externa.
c) Unidad de producción mixta.
d) Internalización de la gestión.

6. ¿Qué características tiene la cocina hospitalaria centralizada?

a) Alejamiento y aislamiento de los locales de cocina de cualquier fuente de contaminación.
b) Fácil acceso desde la zona de recepción de materia prima a la cocina, y de la cocina a la zona de distribución.
c) Suelos antideslizantes, con la debida inclinación hacia los sumideros para evitar acumulación de agua.
d) Todas las respuestas son correctas.

7. ¿Qué característica no debe tener la cocina hospitalaria centralizada?

a) Espacio suficiente para la actividad a realizar, y para la circulación del equipamiento móvil.
b) Las tuberías y conductos de aire estarán a la vista, para evitar la acumulación de suciedad.
c) Las uniones entre paramentos serán redondeadas para facilitar su limpieza.
d) Habrá lavamanos suficientes, con sistema de accionamiento por pedal preferentemente, para facilitar el lavado higiénico de manos.

8. Con el sistema de cocina central:

a) Se consigue la manipulación de los alimentos en los *offices*.
b) Se evita la producción de residuos en cocina.
c) Se elimina la manipulación de los alimentos en los *offices*.
d) Se elimina el paso de los alimentos por las dependencias de limpieza.

9. Las aberturas y ventanas o huecos practicables para la ventilación de los locales de cocina deberán estar dotados de:

a) Sistema de clausura para impedir su manipulación.
b) Cristales opacos para evitar que la luz natural estropee los alimentos.
c) Rejillas de malla adecuadas para evitar el paso de insectos.
d) Rejas homologadas por la ley de prevención de riesgos laborales.

10. En los locales de cocina, las uniones de paramentos verticales y horizontales:

a) Deberán ser redondeados.
b) Deberán estar recubiertos con perfiles metálicos.
c) Deberán estar recubiertos con perfiles de PVC.
d) Se pintarán al menos dos veces al año.

11. Una de las características que deberá tener el suelo de una cocina colectiva es:

a) Deberá estar provisto de desagües con los dispositivos adecuados (sifones, rejillas, etc).
b) Estará totalmente nivelado y desprovisto de sumideros para evitar los malos olores y el acceso de roedores o insectos.
c) Estará construido con materiales absorbentes que empapen cualquier derrame de líquidos.
d) Estará construido con material deslizante para facilitar su limpieza.

12. Las actividades relacionadas con la manipulación de alimentos tienen un flujo marcado por:

a) El principio de marcha adelante.
b) El principio de cruce de circuitos.
c) El principio de economía de movimientos.
d) Ninguno de los anteriores.

13. ¿Qué características cumplirán las áreas para la higiene de personal de la cocina?

a) Los vestuarios de personal se situaran en dependencias anexas a los locales donde se manipulen alimentos.
b) Los servicios higiénicos no tendrán acceso directo a la zona de manipulación.
c) Habrá lavamanos suficientes, con sistema de accionamiento por pedal preferentemente, para facilitar el lavado higiénico de manos.
d) Todas las respuestas son correctas.

14. ¿Cómo debe ser el suelo de la cocina de un hospital?

a) De metal con rejillas.
b) Antideslizantes.
c) Con inclinación suficiente hacia sumideros.
d) Las opciones b) y c) son correctas.

15. ¿Cuál de los siguientes no es una característica de los equipos y otros útiles de trabajo en una cocina?

a) Materiales inocuos.
b) Materiales porosos.

c) Materiales lisos.
d) Materiales fáciles de limpiar.

16. ¿Cómo han de ser los techos de una cocina para colectividades?

a) Estarán construidos de forma que no se acumule polvo.
b) De fácil limpieza.
c) Protecciones para evitar cualquier tipo de accidente por rotura.
d) Todas son correctas.

17. ¿Cuál de las siguientes zonas de una cocina se considera zona sucia?

a) Zonas de lavado.
b) Zona de emplatado.
c) Zona de distribución
d) Todas son zonas sucias.

18. A una de las puertas batientes le ha salpicado aceite; ¿cómo serán las puertas de la cocina?

a) De material liso.
b) Fáciles de limpiar.
c) De material rugoso.
d) Las respuestas a) y b) son correctas.

19. ¿Qué característica/s debe tener el proceso de producción en cocina?

a) Flujo continuo.
b) Separación de zonas.
c) Establecimiento de circuitos.
d) Todas las respuestas son correctas.

20. ¿Qué respuesta es falsa?

a) Cada zona de trabajo contará con los materiales necesarios.
b) Cada zona de trabajo contará con los utensilios necesarios para las tareas a realizar.
c) En la cocina nunca se establecen diferentes circuitos.
d) La respuestas a) y b) son correctas.

21. ¿Qué son las partidas?

a) Secciones de cocina donde se realizan distintas tareas.
b) Equipos específicos para tareas de pastelería o salsero.
c) Grupos de personas que elaboran un plato concreto.
d) Sistema de producción en cocina.

22. ¿A qué partida corresponde la elaboración de fondos?

a) A la partida de salsero.
b) A la partida de entremetier.
c) A la partida de pastelero.
d) Son correctas las respuestas a) y b).

23. ¿Cuál de estas tareas corresponde a la partida de cuarto frío?

a) Producción de pan.
b) Preparación de guarniciones.
c) Limpieza y fraccionamiento de pescados.
d) Todas las respuestas son correctas.

24. ¿Qué diferencia una distribución lineal de cocina con una distribución en U?

a) La ubicación de entrada y salida.
b) La ordenación de las secciones.
c) El avance del proceso.
d) Todas las respuestas son ciertas.

25. En una distribución lineal, ¿dónde se ubica la sección de emplatado?

a) Inmediatamente tras la sección de preparación.
b) Tras la sección de elaboración.
c) Antes de la sección de recepción.
d) Tras la sección de preparación.

26. El nivel de iluminación que debe reunir un local de cocina estará calculado para un valor de:

a) 100 lux.
b) 200 lux
c) 500 lux.
d) 800 lux.

27. ¿Qué ventaja tiene la centralización de los servicios de restauración hospitalaria?

a) Permite la concentración de los recursos para optimizar los resultados.
b) Permite utilizar la producción en línea fría, aunque no en línea caliente.
c) Requiere menos inversión inicial.
d) Todas las respuestas son correctas.

28. ¿En qué consiste el *catering*?

a) La comida se elabora en el propio centro.
b) La comida se lleva elaborada al hospital para su distribución.

c) Es un sistema de centralización con autogestión.

d) Ninguna respuesta es correcta.

29. ¿Puede haber externalización de la gestión cuando la unidad de producción es interna?

a) Sí, mediante la centralización.

b) Sí, la explotación de la cocina corresponde al personal del centro, pero la provisión de materia prima no.

c) No, siempre habrá unidad de producción externa.

d) No, nunca.

30. ¿Qué etapas se llevan a cabo en la cocina central?

a) Recepción de materia prima y almacenamiento.

b) Preparación y elaboración.

c) Emplatado y distribución.

d) Todas las anteriores.

31. ¿Cómo se garantizan las condiciones higiénicas y la conservación de las características organolépticas de los menús cuando son trasladados a otros centros?

a) Mediante la continua supervisión y análisis durante el traslado.

b) Dando un tratamiento térmico en destino.

c) Utilizando sistemas de transporte adecuados (carros y vehículos).

d) Todas las respuestas son correctas.

32. ¿Qué criterio se tendrá en cuenta a la hora de colocar las máquinas y utensilios de cocina?

a) Que ocupen el menor espacio posible.

b) Que permitan el acceso para su limpieza.

c) Que queden en el centro de la cocina.

d) Todas las respuestas son correctas.

33. En una cocina centralizada, ¿hacia dónde irán los flujos de aire?

a) Hacia la entrada.

b) Hacia la zona limpia.

c) Hacia la zona sucia.

d) Hacia la zona de distribución por ser la fase final del proceso.

34. ¿Qué medida reduce las posibilidades de contaminación del alimento?

a) Separación de zonas de trabajo en cocina.

b) Utilización de circuitos cortos.

c) Empleo de utensilios específicos en cada área de trabajo.
d) Todas las respuestas son correctas.

35. ¿Qué afirmación es falsa sobre la ubicación de las cámaras?

a) Estarán en un lugar protegido de los factores ambientales que pueden influirle.
b) Tendrán termómetro interno y externo con lectura interna.
c) Los higrómetros darán una lectura de forma permanente.
d) Estarán fabricadas en material resistente a los golpes y fácil de limpiar y desinfectar.

36. ¿Qué accesos en cocina deben estar bien diferenciados y no coincidir?

a) Salida de carros con la comida y entrada de carros con la vajilla sucia.
b) Salida de carros con la comida y entrada de carros con restos de comida.
c) Salida de carros con la comida y salida de basuras.
d) Todas las respuestas son correctas.

37. ¿Qué actividades pertenecen al circuito sucio en cocina?

a) Solo los residuos.
b) Manipulación de productos crudos, ya sea en su fase de acondicionamiento o cuando ya están listos para el consumo.
c) Actividades que generan contaminación.
d) Todas las respuestas son correctas.

38. ¿Cómo se distribuye el circuito de los alimentos?

a) El acondicionamiento de la materia prima constituye un circuito sucio que no debe tener cruces con el circuito limpio.
b) Los alimentos elaborados y su distribución constituyen un circuito sucio y no debe cruzarse con la materia prima.
c) El alimento en todas sus fases se considera en circuito limpio por el riesgo de contaminación.
d) Ninguna respuesta es correcta.

39. Los utensilios de cocina listos para su uso, ¿están en un circuito limpio o sucio?

a) Sucio.
b) Limpio.
c) Pueden estar en ambos.
d) No están en ninguno.

40. ¿Qué recorrido tendrá el circuito de residuos?

a) Desde la zona de evacuación hasta el vertedero.
b) Desde la zona de generación hasta la zona de evacuación.

c) Tendrá un recorrido de ida (circuito sucio) y otro de vuelta (circuito limpio).
d) Para los residuos no se definirán circuitos.

41. ¿Qué solución habría si la zona de recepción de materias primas y la salida de desperdicios no pueden estar separadas físicamente?

a) Realizar ambas operaciones con cuidado cuando coincidan.
b) Utilizar elementos cerrados para el traslado, cuando coincidan.
c) Separar ambas operaciones en el tiempo.
d) No hay solución, se deber realizar una reforma.

42. ¿Qué es la cadena alimentaria?

a) El desarrollo y encadenamiento de todos los procesos y transformaciones por los que pasa el alimento desde la producción primaria hasta su distribución, venta y consumo como producto final.
b) La posibilidad de encontrar y seguir el rastro, a través de todas las etapas de la producción, transformación y distribución, de un alimento.
c) La etapa anterior a la entrada de los productos en la empresa.
d) La descripción elaborada por la autoridad competente sobre la estructura, organización y funcionamiento de sus sistemas de control.

43. ¿Cómo se realiza la explotación de una cocina centralizada?

a) La comida se elabora en las instalaciones propias de una empresa privada, y es transportada al hospital, donde la distribuye el personal del centro.
b) Los procesos de producción de comida, conservación, emplatado y distribución se llevan a cabo en las instalaciones de cocina del hospital.
c) La elaboración de la comida la realiza personal del propio Centro junto con personal de la empresa externa contratada. A esta última le corresponde además la provisión de materia prima.
d) Todas las opciones anteriores corresponden a un sistema de autogestión.

44. ¿En qué partida es frecuente que no se disponga de cocina para la elaboración de algunos platos, que posteriormente se sirvan fríos, aunque luego vuelvan a la misma después de pasar por otra?

a) Partida de Salsero.
b) Partida de cuarto frío.
c) Partida de Entremetier o entremesero.
d) Partida de Pastelero.

45. ¿Dónde existirán rustideras como dotación de partida de Unidad de Cocina?

a) Partida de Salsero.
b) Partida de cuarto frío.

c) Partida de Entremetier o entremesero.
d) Son ciertas las respuestas a) y c).

46. ¿En qué organización y distribución adecuada de las zonas de trabajo de la unidad de cocina central el avance en la marcha hace un giro de 180º con cambio de sentido?

a) Lineal.
b) Cíclica.
c) En L.
d) En U.

47. ¿Cómo se denomina la distribución según estén las secciones de la cocina hospitalaria cuando la entrada de la materia prima y la salida de los platos elaborados se disponen en lugares opuestos, el avance es en un sentido, pero en algún punto se produce un ángulo para aprovechar el espacio?

a) Lineal.
b) Cíclica.
c) En L.
d) En U.

48. ¿A qué principio atenderá la manera en la que se debe hacer la distribución de equipos en la cocina hospitalaria?

a) Se basará en el principio de marcha adelante.
b) Se basará en el principio de separación de zonas de trabajo.
c) Se basará en el principio de conexión entre las distintas fases del proceso.
d) Se atenderá atendiendo a todos los anteriores principios.

49. Con el principio de marcha adelante:

a) Se evitarán las contaminaciones cruzadas.
b) Se podrá conseguir que un alimento retroceda a una etapa anterior.
c) Se conseguirá que no exista la separación de zonas de trabajo, y con ello mejor visión del conjunto de trabajo.
d) Se evitará el establecimiento de circuitos que perjudican la organización.

50. Respecto a la ventilación de la cocina hospitalaria centralizada todo será cierto, excepto que:

a) Podrá ser natural.
b) Podrá ser artificial.
c) Tendrá siempre un sistema de renovación de aires.
d) Los flujos de aire irán desde las "zonas sucias" a las "zonas limpias".

51. ¿Cuál de estos utensilios sirve para la elaboración de pescado?

a) Turbotera con rejilla.
b) Lubinera.
c) Besuguera.
d) Todas las anteriores tienen esa utilidad.

52. ¿Qué ventajas tiene el acero inoxidable?

a) Gran resistencia.
b) Fácil limpieza.
c) Buen conductor del calor.
d) Las respuestas a) y b) son correctas.

53. ¿Para qué se utiliza la marmita?

a) Para elaborar asados.
b) Para elaborar fondos.
c) Para cocciones al vacío.
d) Todas las respuestas son correctas.

54. ¿Qué capacidad media tiene un cazo alto con mango?

a) De 2 a 6 litros.
b) De 10 a 15 litros.
c) 50 litros como máximo.
d) Tiene capacidad mínima de 20 litros.

55. ¿Cuál de los siguientes utensilios de cocina se utilizan para asar alimentos?

a) Marmita.
b) Cazo.
c) Rondón.
d) Rustidera.

56. ¿Cuál de los siguientes moldes no es redondo?

a) Pudding.
b) Magdalenas.
c) Brioches.
d) Bizcocho.

57. ¿Qué característica tiene el molde de pan de miga?

a) La masa fermenta dentro.
b) No tiene tapa.

c) Es de plástico.
d) Todas las respuestas son correctas.

58. La *sautese* es utilizada para:

a) Saltear, rehogar y estofar géneros.
b) Confeccionar salsas y cremas.
c) Asar grandes piezas de carne.
d) Presentar pescados.

59. ¿Para qué se utiliza la cazuela de barro?

a) Se utiliza mucho para elaborar asados en horno.
b) Para hacer la sopa castellana.
c) Para hacer marmitako.
d) Todas son correctas.

60. ¿Para qué se utiliza el baño María?

a) Se usa para mantener calientes ciertas elaboraciones.
b) Para asar.
c) Para elaborar salsas, hervidos, purés, cremas.
d) Se utiliza para la cocción de pequeñas cantidades de producto.

61. ¿Para qué se utiliza un tamiz?

a) Para batir.
b) Para homogeneizar el grosor de ciertos alimentos como la harina.
c) Para decorar o rellenar con masa o crema.
d) Para rebañar las mezclas o masas.

62. ¿Qué característica debe cumplir cualquier generador de calor respecto a su ubicación?

a) Dejará espacio alrededor para la difusión de la energía que se pierda.
b) La maquinaria ha de estar debidamente aislada para evitar toda pérdida de energía.
c) Toda maquinaria irá pegada a la pared.
d) Son correctas las respuestas a) y c).

63. ¿Cómo se puede evitar que el gas salga una vez que los fogones están apagados y no hay llama?

a) Solo se garantiza cortando el suministro.
b) Con una válvula de seguridad.
c) Con un generador de frío que compense el calor.
d) No se puede evitar.

64. ¿Qué afirmación es cierta?

a) En la placa de inducción el calor pasa de la resistencia eléctrica al cristal cerámico y de este al recipiente.
b) En las placas vitrocerámicas se utiliza un mecanismo de campo magnético.
c) La placa de inducción permanece fría al retirar el recipiente.
d) El sistema de inducción necesita utensilios no metálicos.

65. ¿Qué función tiene la campana extractora en cocina?

a) Absorber los vapores y gases desprendidos en la cocción.
b) Reducir la temperatura desprendida durante la cocción.
c) Mover el aire interno de la cocina para evitar que se concentren vapores.
d) Emitir aire frío.

66. ¿Qué elementos suelen ser desmontables en las cocinas de gas?

a) Rejilla-soporte de recipientes y placa recogedora de grasa.
b) Quemador y bandeja.
c) Todos los anteriores.
d) Ninguno de los anteriores.

67. ¿Cómo se definen los utensilios de cocina?

a) Herramientas utilizadas para la manipulación de los alimentos.
b) Herramientas utilizada para la elaboración de platos.
c) Elementos utilizados para protegerse de los riesgos derivados del trabajo.
d) Las respuestas a) y b) son correctas.

68. ¿Qué sistema de seguridad tienen las placas de inducción?

a) Solo transmiten calor cuando entran en contacto con el recipiente.
b) Avisan sonoramente cuando se acerca la mano.
c) Marcan la temperatura del alimento que se está calentando.
d) Transmiten de manera continua el calor, y solo se puede regular por el propio trabajador.

69. ¿Qué inconveniente tiene el uso de productos corrosivos en los fogones eléctricos?

a) Pueden producir quemaduras o lesiones.
b) Pueden atacar al mecanismo del equipo.
c) Pueden producir accidentes cuando se conectan.
d) Todas las respuestas anteriores son correctas.

70. ¿Qué equipos se utilizan en cocinas industriales?

a) Generadores de calor.
b) Generadores de frío.

c) Las respuestas a) y b) son correctas.
d) Las respuestas a) y b) son falsas.

71. ¿Cuál de estos procesos no necesitan máquinas generadoras de calor?

a) Elaboración de platos.
b) Mantenimiento de las temperaturas de los alimentos.
c) Cocina en línea caliente.
d) Ninguna respuesta de las anteriores es correcta.

72. ¿En qué caso es útil un generador de frío?

a) Conservación de género perecedero.
b) Conservación de alimentos congelados.
c) Mantenimiento de comidas preparadas.
d) Todas las respuestas son correctas.

73. ¿Qué función tiene el abatidor de temperatura?

a) Aumentar la temperatura.
b) Conservar el alimento.
c) Bajar la temperatura del alimento.
d) Cocer alimentos a presión.

74. ¿Cuál de estos elementos alcanza una temperatura más baja?

a) Cámara de refrigeración.
b) Cámara de congelación.
c) Abatidor de temperatura.
d) Antecámara.

75. ¿Cómo se realiza el control de temperatura en el interior del alimento?

a) Mediante sondas termométricas.
b) Mediante agujas sondas.
c) Midiendo la temperatura exterior con un termómetro y calculando 10 º menos.
d) Son ciertas las respuestas a) y b).

76. ¿Qué son las mesas refrigeradas?

a) Son mesas de trabajo de acero inoxidable y en su parte inferior tiene instalado un sistema frigorífico.
b) Son mesas de trabajo cuya única característica es que están dentro de una cámara frigorífica.
c) Son mesas para mantener calientes las elaboraciones hasta el momento del servicio.
d) Ninguna respuesta es correcta.

77. ¿Cuál de estas características para las cámaras frigoríficas es correcta?

a) Las superficies serán impermeables a las condensaciones y a la humedad, y de fácil limpieza.
b) Las puertas cerrarán con dispositivos herméticos y se abrirán por dentro y por fuera.
c) Todos los accesorios interiores y estantes serán desmontables y fáciles de limpiar.
d) Todas las respuestas son correctas.

78. ¿Cómo se hace el helado?

a) Por batido y enfriamiento.
b) Por congelación y posterior mezcla.
c) Por fusión y batido.
d) Por congelación.

79. ¿Qué es una salamandra?

a) Un horno.
b) Una placa.
c) Una gratinadora.
d) Una tostadora.

80. ¿Qué precaución se ha de tomar en el momento de limpiar una freidora?

a) Que esté desconectada.
b) Que el aceite no esté todavía caliente.
c) Vaciar la cubeta.
d) Todas las respuestas son ciertas.

81. ¿Qué sistema utiliza el horno microondas para transmitir el calor?

a) Ondas electromagnéticas.
b) Gas.
c) Calor.
d) Puede utilizar cualquier fuente de calor.

82. ¿Qué precaución se tomará en el manejo del microondas?

a) No meter nunca recipientes metálicos.
b) Introducir alimentos en recipientes herméticos.
c) No se limpiará el interior.
d) Todas las respuestas son ciertas.

83. ¿Cómo funciona la olla a presión?

a) Se acumula vapor en el interior hermético que se retiene sin salida posible.
b) El vapor sale por la válvula.

c) Funciona por transmisión de calor por ondas.
d) Las espumas salen por la válvula.

84. En el baño María, ¿qué ventaja tiene que el agua esté en movimiento?

a) Asegurar el calentamiento del alimento.
b) Asegurar una temperatura idéntica en todo el recipiente.
c) Evitar que la temperatura se eleve mucho.
d) No tiene ventajas.

85. ¿Cómo se evita que se peguen los alimentos a la plancha?

a) Frotando con un poco de mantequilla.
b) Con un producto químico antiadherente.
c) Mojando la superficie.
d) No se puede evitar.

86. ¿Dónde se coloca el pollo en un asador?

a) En ensartadoras giratorias.
b) En la plancha.
c) En una olla.
d) En una cubeta hermética.

87. ¿Cuál de estas no es una función del horno microondas?

a) Cocinar.
b) Descongelar.
c) Calentar.
d) Conservar.

88. ¿Qué es falso sobre el microondas?

a) Calienta el alimento.
b) No permite funcionar al microondas con la puerta abierta.
c) Esteriliza el género.
d) Puede desecar la superficie de los alimentos si estos no se protegen.

89. ¿Para qué se usa la mesa caliente?

a) Para elaborar platos calientes.
b) Para elaborar platos fríos.
c) Para mantener los platos calientes antes del servicio.
d) Para mantener los platos fríos antes del servicio.

90. ¿Qué es una sartén abatible?

a) Un generador de calor.
b) Un generador de frío.
c) Un utensilio de cocina.
d) Ninguna respuesta es correcta.

91. ¿Con qué fluido funciona el baño María?

a) Con aceite.
b) Con agua.
c) Con gel.
d) Las respuestas a) y b) son correctas.

92. ¿Qué ventajas presenta la cocción al baño María?

a) Evita la deshidratación.
b) Respeta la estructura natural del alimento.
c) Potencia los aromas y sabores.
d) Todas las respuestas son correctas.

93. ¿Cuál de estos utensilios sirve para cortar carne en trozos muy pequeños?

a) Moledora.
b) Picadora.
c) Batidora.
d) Sorbetera.

94. ¿Para qué se utiliza la batidora?

a) Para moler y mezclar.
b) Para trocear.
c) Para crear masas, cremas y salsas.
d) Todas las respuestas son correctas.

95. ¿Qué aparato utilizaría para amasar galletas?

a) Batidora.
b) Amasadora.
c) Moledora.
d) Afinadora.

96. ¿Cómo se mueve la cuchilla de la cortadora de fiambre?

a) Girando.
b) Descendiendo.

c) Deslizando lateralmente.
d) Son fijas, y lo que se mueve es el producto.

97. ¿Qué determina la balanza?

a) El peso.
b) El grosor.
c) La relación entre volumen y peso.
d) La calidad.

98. ¿Para qué se utiliza la mesa de trabajo?

a) Como apoyo.
b) Para trinchar.
c) Para cocinar.
d) Son correctas las respuestas a) y b), entre otras muchas funciones.

99. ¿Para qué se utiliza el medidor de capacidad?

a) Para pesar sólidos.
b) Para medir cantidades de líquidos.
c) Para medir cantidades de gases.
d) Para determinar los kilopondios.

100. ¿Qué características tendrá un cuchillo de cocina?

a) El peso del cuchillo se distribuirá adecuadamente entre la hoja y el mango.
b) Estará bien afilado.
c) Los mangos serán resistentes.
d) Todas las respuestas anteriores son correctas.

101. ¿Qué hilo se utiliza para bridar?

a) Bramante.
b) Seda.
c) Lana.
d) Cordel.

102. ¿Con cuál de estos utensilios se pueden sacar bolas de fruta?

a) Sacabocados.
b) Cucharilla vaciadora.
c) Vaciador de manzanas.
d) Son correctas las respuestas a) y b).

103. Para aplanar una vianda mediante golpes suaves, utilizaremos:

a) La mechadora.
b) La aguja de bridar.
c) La espuela.
d) La espalmadera.

104. ¿Qué es falso sobre el sistema de línea caliente?

a) El alimento pasa por fases de conservación tras su elaboración.
b) El tiempo de espera hasta el servicio debe ser mínimo.
c) Tras la cocción ha de mantenerse en caliente.
d) Las respuestas b) y c) son ciertas.

105. ¿Qué tienen los sistemas de línea caliente y fría en común?

a) Requieren puesta en temperatura del plato antes de su consumo.
b) El alimento se mantiene en conservación por frío.
c) No se dejan los alimentos en temperatura de riesgo.
d) Ambos son sistemas de producción de alimentos sin conservación.

106. ¿Qué es el sistema *cook and chill*?

a) Línea fría refrigerada.
b) Línea fría congelada.
c) Línea caliente.
d) Sistema de vacío.

107. ¿Cuál de estos sistemas no incluye una fase de abatimiento?

a) Línea fría refrigerada.
b) *Sous-vide.*
c) Nacka.
d) Línea caliente.

108. ¿Cuál es el orden correcto en el proceso de línea fría congelada?

a) Cocción – regeneración – congelación rápida – servicio.
b) Cocción – congelación rápida – regeneración – servicio.
c) Congelación rápida – cocción – regeneración – servicio.
d) Congelación rápida – regeneración – cocción – servicio.

109. ¿Qué es *sous-vide*?

a) Cocción al vacío.
b) Línea fría.

c) Línea caliente.
d) Abatimiento.

110. ¿Dónde se implantó el sistema NACKA?

a) En España.
b) En Estados Unidos.
c) En Suecia.
d) En el Reino Unido.

111. ¿En qué consiste el sistema NACKA?

a) En envasado al vacío y tratamiento térmico posterior.
b) En envasado al vacío en frío.
c) En refrigeración al vacío.
d) Es un sistema de congelación.

112. Cuando regeneramos un alimento, nos referimos a:

a) Elevar a temperatura de consumo los alimentos.
b) Modificación de sabor y olor de un alimento.
c) Técnica para la eliminación de microorganismos peligrosos que se pueden encontrar en los alimentos antes de su elaboración.
d) Disminución de temperatura de un alimento para su conservación.

113. ¿Qué son las bandejas gastronorm?

a) Son recipientes de dimensiones estandarizadas.
b) Son bandejas que se pueden introducir en los carros de regeneración.
c) Ambas respuestas son correctas.
d) Ambas respuestas son falsas.

114. En la limpieza de las bandejas, el primer lavado se realiza:

a) Con productos desincrustantes y poder bactericida.
b) Con elementos restauradores.
c) Con elementos anticalcáreos.
d) Con elementos oxigenados.

115. La maquinaria se debe limpiar:

a) Una vez a la semana.
b) Cada quince días.
c) Cada vez que se utilice.
d) Cada mes.

116. Las mesas de trabajo en una cocina se fregarán con:

a) Agua y lejía.
b) Agua jabonosa.
c) Agua limpia con bactericida.
d) Producto desincrustante.

117. ¿Cuál de los siguientes equipos se limpian con detergente antigrasa?

a) Las marmitas y rustideras fijas.
b) Los fregaderos.
c) Los lavamanos.
d) La b) y la c) son correctas.

118. Se entiende por cuerpo de cocina:

a) A las planchas y quemadores.
b) A los soportes para el menaje y bandejas recoge grasas.
c) Al módulo donde se genera el calor por distintas fuentes.
d) Ninguna de las anteriores.

119. ¿Qué es la plonge?

a) Un lavavajillas.
b) Es el lugar donde se lavan las marmitas, sartenes, cazuelas y elementos móviles del resto de equipamiento.
c) Es la zona de lavado de la vajilla.
d) Es la zona de lavado mecánico.

120. ¿Qué materiales se evitarán emplear en los equipos y los utensilios empleados en la manipulación de alimentos?

a) Materiales inalterables.
b) De acero inoxidable.
c) De madera.
d) Resistentes a la corrosión y no tóxicos.

121. ¿Qué afirmación es incorrecta sobre los equipos y utensilios empleados en la manipulación de alimentos?

a) Las zonas de manipulación de alimentos dispondrán de accionamiento no manual, dotados de agua fría y caliente, dosificador de jabón líquido y bactericida y toallas de un solo uso.
b) Se recomiendan las máquinas de secado por aire en las cocinas, por su eficacia y no generar riesgos.
c) La maquinaria auxiliar debe ser desmontable y de superficie lisa para facilitar su limpieza.
d) Los materiales de los fregaderos deben ser resistentes e inalterables.

122. Mientras las bandeja pasan por el tren de lavado, los carros se someterán a un proceso de:

a) Prelavado.
b) Limpieza manual con detergente.
c) Desinfección química.
d) Limpieza automatizada con detergente.

123. ¿Qué elemento en el lavavajilla se emplea para que funcione óptimamente el sistema de descalcificación del agua?

a) Detergente.
b) Abrillantador.
c) Agua caliente.
d) Sal.

124. La limpieza de las cámaras frigoríficas ha de ser:

a) Diaria y una sola vez.
b) Diaria y tantas veces como sea necesario.
c) Cada tres días al menos.
d) Una vez a la semana es suficiente.

125. ¿Qué es incorrecto en la limpieza de marmitas y rustideras fijas?

a) Deben quedar, una vez limpios, en perfecto estado para su próxima utilización.
b) No requiere de un secado posterior a su enjuague de limpieza.
c) Deben ser fregados y limpiados cada vez que se han utilizado.
d) Para su limpieza usar agua con detergente antigrasa, y con abundante agua clara para el enjuague.

126. La limpieza y desinfección de los utensilios empleados en la cocina se realizará como mínimo:

a) Antes y después de cada jornada.
b) Después de cada jornada.
c) Cada dos días.
d) Cada tres días.

127. ¿Cuál de las siguientes afirmaciones acerca de la cocción al vacío es falsa?

a) Al evitar el contacto con el oxígeno, se previene la oxidación del alimento y su modificación de sabor.
b) El alimento se envasa al vacío tras su cocción.
c) La temperatura disminuirá hasta -10 ºC en un abatidor de temperatura.
d) Se utilizan envases que cierran herméticamente, y de material adecuado.

128. ¿Qué es un abatidor de temperatura?

a) Un sistema de enfriamiento mecánico o criogénico hace que la temperatura del alimento disminuya desde los 65 – 70 ºC que alcanza, tras la cocción, hasta un máximo de 10 ºC.

b) Sistema que utiliza aire caliente con o sin vapor a baja presión.

c) Es un carro con un sistema de regeneración integrado que posibilita el transporte de emplatados y el servicio de platos calientes y fríos.

d) Ninguna de las respuestas es correcta.

129. La cadena fría:

a) Ayuda a solucionar la falta de personal durante las noches y/o los fines semana.

b) No existe.

c) Está en experimentación.

d) Es un elemento que existe en las bicicletas.

130. ¿Qué desventaja presenta la producción en cadena caliente?

a) El ritmo de trabajo se intensifica a determinadas horas, previas a las comidas.

b) Se puede improvisar el menú.

c) Utiliza la maquinaria normal de una cocina industrial.

d) Todas las respuestas son correctas.

131. ¿Cuál no es una ventaja de la cadena fría refrigerada?

a) Se optimiza el aprovechamiento de los medios humanos y técnicos.

b) Se elaboran los menús con antelación.

c) Se alarga la vida media de los alimentos de forma considerable, incluso hasta meses.

d) Todas son correctas.

132. ¿En qué consiste el sistema de producción en cadena caliente?

a) Poner el alimento en temperatura adecuada justo antes de su consumo.

b) Elaborar los platos en el momento en que van a ser consumidos.

c) Elaborar platos calientes y conservarlos en refrigeración hasta su consumo.

d) Todas las respuestas son correctas.

133. ¿Qué temperatura debe alcanzar el centro de un alimento para asegurar su cocción completa?

a) 50 ºC.

b) 10 ºC.

c) 70 ºC.

d) 100 ºC.

134. ¿A qué temperatura se deben mantener los alimentos refrigerados?

a) Entre 0 y 3 ºC.
b) –18 ºC.
c) Entre 65 y 70 ºC.
d) Ninguna respuesta es correcta.

135. ¿Qué ventajas tiene la cadena fría refrigerada?

a) Al producirse con antelación, se pueden llevar a cabo programas de control de calidad.
b) Se optimiza la utilización de los recursos.
c) La regeneración es más rápida que la descongelación.
d) Todas las respuestas son correctas.

136. ¿Cuál es el sistema de regeneración más utilizado en la cocina centralizada?

a) Horno microondas.
b) Horno de convección.
c) Horno multiporciones.
d) Carro de regeneración.

137. ¿Cómo funciona el horno de convección-vapor?

a) Por aire caliente.
b) Por aplicación de calor directo.
c) Por radiación.
d) Por aumento de presión.

138. ¿Qué alimento para su cocción en fritura es sin protección?

a) Huevo frito.
b) Calamares a la romana.
c) Pollo empanado.
d) Pescado enharinado.

139. ¿Qué efecto tiene el escaldado de las frutas?

a) Inactivación de las enzimas.
b) Endurecimiento de la piel.
c) Conservación por largos periodos de tiempo.
d) Todas las respuestas son correctas.

140. ¿Qué es la tempura?

a) Es una fritura de pescados pequeños. También se denomina "fritura a la Andaluza".
b) Es una fritura rápida japonesa, en especial para los mariscos y verduras.

c) Es una guarnición compuesta de zanahorias glaseadas, tocino cortado en dados, salteado y dados de patata frita.

d) Es una ensalda compuesta de patatas cocidas en rodajas, judías verdes cocidas, tomates en rodajas, alcaparras, aceitunas y filetes de anchoas.

141. ¿La cocción al vapor con alta presión se realiza a una temperatura de hasta

a) 50º C.
b) 80º C.
c) 100º C.
d) 120º C.

142. ¿Qué tipo de fritura es el empanado?

a) Con protección.
b) Sin protección.
c) Es una fritura rápida japonesa.
d) Ninguna es correcta.

143. ¿Qué alimento para su cocción en fritura es sin protección?

a) Huevo frito.
b) Calamares a la romana.
c) Pollo empanado.
d) Pescado enharinado.

144. En el asado al horno con verduras la temperatura de cocción rondará:

a) Los 150 ºC.
b) Los 280 ºC.
c) Los 200 ºC.
d) Los 250 ºC.

145. ¿Qué método de cocción consiste en la aplicación a un género cocinado de su mismo jugo o salsa para que con la acción del calor sobre esta se consiga un bonito color brillante?

a) Estofado.
b) Gratinado.
c) Salteado.
d) Glaseado.

146. Aquello que se le hace al tomate para pelarlo con eficiencia, sumergiéndolo un breve espacio de tiempo en agua hirviendo se llama:

a) Escalfado.
b) Baño maría.

c) Escaldado.
d) Papillot.

147. ¿En qué se basa la cocina 45?

a) Uso de materias primas frescas.
b) Uso de productos de 4.ª y 5.ª gama.
c) Uso de productos de 3.ª gama.
d) Uso de cadena fría congelada.

148. ¿Qué es espalmar?

a) Echar caldo hirviendo sobre pan, con el fin de hacer sopa.
b) Obtener fruta con azúcar cristalizada.
c) Recubrir un molde por el interior.
d) Adelgazar un género mediante golpes suaves.

149. ¿Qué es acanalar?

a) Dar forma de pelota de rugby a los tubérculos.
b) Cortar en dados.
c) Dar forma de cestitas para rellenar.
d) Decorar una verdura tallando su piel en tiras.

150. ¿Cómo se denomina la acción de incorporar leche a una masa o salsa?

a) Aderezar.
b) Ablactar.
c) Enlechar.
d) Albardar.

151. ¿Qué es albardar?

a) Recubrir con una lámina fina de tocino determinadas carnes y aves con poca grasa, para que resulten más jugosas y no se sequen al cocinarlas.
b) Hacer canales o estrías a las naranjas.
c) Aliñar o condimentar.
d) Cortar en rodajas una verdura.

152. ¿Qué es bridar una pieza de carne?

a) Atar con un hilo para que no se deforme durante la cocción.
b) Cortar en filetes finos.
c) Asar al horno de leña.
d) Ninguna respuesta es correcta.

153. ¿Qué es empanar?

a) Recubrir un alimento con harina antes de freírlo.
b) Recubrir un alimento con pan rallado antes de freírlo.
c) Meter un alimento entre dos porciones de pan antes de comerlo.
d) Servir un alimento en el plato.

154. ¿Cómo se denomina la acción de cocinar un género a fuego lento en una pequeña cantidad de materia grasa?

a) Refreír.
b) Rehogar.
c) Gratinar.
d) Empanar.

155. ¿Cómo se denomina la acción de recubrir completamente un preparado con una salsa lo suficientemente espesa?

a) Napar.
b) Salsear.
c) Espesar.
d) Encamisar.

156. ¿Qué es mechar?

a) Cortar la carne asada en filetes muy finos para servir con salsa.
b) Cocer la carne en un utensilio con una mecha de alcohol.
c) Introducir en la carne cruda tiras de panceta, zanahorias, trufas, etc.
d) Cortar las verduras para menestra.

157. Risolar en cocina, se refiere a:

a) Poner en salmuera un género crudo para su conservación.
b) Dorar un género a fuego vivo, con grasa, que resultará totalmente cocinado.
c) Añadir condimentos a un género para darle olor o sabor.
d) Regar un preparado que se está cocinando, con un líquido.

158. Acaramelar es:

a) Sazonar.
b) Dar brillo con jalea (zumo de frutas con azúcar) gelatina o grasa a un preparado.
c) Hacer pequeños surcos en la piel de algunas frutas o verduras con el fin de embellecerlas.
d) Bañar o cubrir con caramelo un preparado.

159. Poner jugo de limón o vinagre al agua para cocinar algunos platos es:

a) Albardar.
b) Acidular.
c) Acaramelar.
d) Sazonar.

160. Culinariamente, emborrachar un alimento significa:

a) Empapar un postre con almíbar, vino o licor.
b) Marearlo en una sartén hasta que esté hecho.
c) Hervirlo en alcohol.
d) Todas las respuestas son correctas.

161. Sumergir en agua hirviendo un género, manteniéndolo poco tiempo, se corresponde con la definición de:

a) Empanar.
b) Emborrachar.
c) Cocer.
d) Escaldar.

162. Una guarnición de tomate picado gruesamente sin piel ni pepitas y rehogado es:

a) Una concasse.
b) Una cocotera.
c) Una chiffonada.
d) Todas son correctas.

163. Glasear es:

a) Coagular por medio de temperaturas de "menos cero" una mezcla de repostería llamada helado.
b) Tostar la superficie de un género en un horno fuerte, salamandra o gratinador.
c) Cubrir un preparado de pastelería con azúcar fondant, mermelada, azúcar glass.
d) Presionar con el rodillo, dándole movimiento de rotación de atrás hacia delante, sobre una pasta, para adelgazarla.

164. ¿Cuál de las siguientes afirmaciones es cierta, en relación con el corte en juliana?

a) No existe dicho corte en los trabajos de cocina.
b) Es un corte en láminas redondas y de gran espesor.
c) Forma de cortar en tiras de 3 a 5 centímetros de largo por 1 a 3 milímetros de grueso.
d) Ninguna de las respuestas es correcta.

165. Macerar significa:

a) Añadir a un preparado un elemento de ligazón para espesarlo. Mezclar diversos ingredientes formando una única masa o género.

b) Espolvorear con azúcar glass, también llamado azúcar lustra, un preparado dulce.

c) Poner a remojar en vino, licor o aguardiente, etc., alimentos muy diversos (frutas, carnes), con el fin de que adquieran parte de su sabor.

d) Poner géneros en compañía de vino, hortalizas y hierbas aromáticas, para ablandarlos aromatizarlos y conservarlos.

166. Dejar envejecer una carne para que se ablande, desde un punto de vista culinario, se denomina:

a) Macerar.
b) Sazonar.
c) Mortificar.
d) Pochar.

167. Rebozar consiste en:

a) Cubrir un género de una ligera capa de harina y otra posteriormente de huevo batido, antes de freírlo.

b) Quitar la cáscara superficial de ciertos alimentos.

c) Desmenuzar un género por medio de la máquina ralladora o rallador manual.

d) Ninguna de las anteriores respuestas es correcta.

168. ¿Con qué término italiano se designa la textura de la pasta cocida cuando presenta firmeza al ser mordida, no muy blanda por fuera y poco hecha en su interior?

a) Risotto.
b) Al dente.
c) Carpaccio.
d) Todas son correctas.

169. Añadir un líquido (agua, vino, vinagre) al utensilio donde se ha elaborado un ave, un pescado o una carne, para recuperar la grasa o jugos depositados y caramelizados, se denomina:

a) Caramelizar.
b) Sazonar.
c) Desglasar.
d) Abrasar.

170. ¿Cuál de los siguientes términos es sinónimo de tostar?

a) Rustir.
b) Soflar.

c) Sufratar.

d) Ninguno de las anteriores.

171. El fricasé es:

a) Hielo al que se ha golpeado para picarlo. Bebida que se enfría en hielo picado. Acción de incorporar hielo picado.

b) Surtido de fritos; también puede estar compuesto por una sola especie, como es el caso de la fritada de pimientos que, como dice la palabra, sólo contiene pimientos. A la fritada de verduras se le conoce como pisto o ratatuille.

c) Generalmente carne cortada en pequeños filetitos para una elaboración posterior. Setas cortadas a tiras.

d) Producto comestible natural, que generalmente se consume sin ningún tipo de elaboración.

172. ¿Cómo se denomina gallina alimentada especialmente para el engorde, cuya edad para el sacrificio no ha de ser superior a 8 meses?

a) Pularda.

b) Popietas.

c) Purrusalda.

d) Pipirrana.

173. La técnica de cocinado que se realiza en gran cantidad de grasa a fuego lento sin que esta llegue a ebullición, se denomina:

a) Escalfar.

b) Pochar.

c) Bresear.

d) Confitar.

174. Para pelar tomates, previamente se procede a su:

a) Escaldado.

b) Escalfado.

c) Hervido.

d) Cocción.

175. ¿Qué es, en términos culinarios "clavetear"?

a) Con este término se describe la consistencia de una mezcla de huevo y azúcar batida hasta que esté extremadamente espesa.

b) Incrustar clavos de olor, normalmente en una cebolla u otros géneros.

c) Cortar en trozos pequeños una pieza gruesa de carne.

d) Transformar, por la acción del calor, el gusto y propiedades de un género.

176. ¿Qué es una farsa?

a) Un relleno para hojaldres, terrinas, pescados, crustáceos, piezas de carne o verduras, muy bien picados o molidos, y condimentados.
b) Una proteína que se encuentra en la harina y que aporta elasticidad.
c) Un extracto que se consigue al cocer moluscos y crustáceos, pescado, carne o verduras. Sirve como base para las salsas y sopas.
d) Un caldo aromatizado que se prepara generalmente con las espinas del pescado, habitualmente blanco.

177. ¿Cómo se denomina a la sustancia grasa, blanca o amarillenta situada en la columna vertebral y en el interior de los huesos?

a) Médula.
b) Costilla.
c) Ossobuco.
d) Tocino.

178. ¿Qué es gratinar?

a) Freír ajos, cebollas y otros ingredientes antes de añadirlos a una elaboración compleja.
b) Cocinar a fuego lento con poco aceite.
c) Dorar al horno o en salamandra.
d) Recubrir con pan rallado un alimento antes de freírlo.

179. ¿Cuál de las siguientes elaboraciones lleva gelatina como principal ingrediente?

a) Áspic.
b) Aurora.
c) Ballotine.
d) Becada.

180. ¿Cómo se denomina la mezcla de frutas que se cuece lentamente, generalmente en un almíbar de azúcar con especias o licor?

a) Chipolata.
b) Compota.
c) Concassé.
d) Fruta en almíbar.

181. ¿Cuál es el nombre de la crema batida ligeramente azucarada y perfumada con vainilla?

a) Chantillí.
b) Alsaciana.

c) Merengue.
d) Ballotine.

182. ¿Cómo se denomina la pasta que recubre a un preparado?

a) Cobertera.
b) Costrada.
c) Carré.
d) Masa.

183. ¿Qué es el cuscús?

a) Sémola de trigo.
b) Arroz.
c) Salvado de avena.
d) Cebada.

184. ¿Qué es aromatizar un líquido con ingredientes aromáticos?

a) Acidular.
b) Napar.
c) Infusionar.
d) Albardar.

185. ¿Qué es majar?

a) Machacar de forma imperfecta con ayuda de un mortero.
b) Cortar en trozos regulares con mandolina.
c) Trocear de forma irregular con cuchillo.
d) Romper un género con la mano.

186. ¿Qué es la muselina?

a) Crema pastelera enriquecida con mantequilla.
b) Masa de hojaldre rellena.
c) Mezcla de nata y fruta.
d) Salsa de bechamel.

187. ¿Qué son petit-fours?

a) Masa tostada.
b) Pequeños pastelillos horneados.
c) Hortalizas cortadas en fondos y rellenas de carne.
d) Guarnición para pescado.

188. ¿Qué significa retractilar?

a) Tapar el recipiente donde se elaboró el alimento con una tapa.
b) Envolver con plástico un producto para protegerlo.
c) Cubrir con un paño.
d) Empanar.

189. ¿Qué significa manir?

a) Cocer a fuego lento las hortalizas.
b) Ablandar la carne de caza por la acción de las especies y vinos.
c) Tornear verduras.
d) Trocear el pescado en rodajas gruesas.

190. ¿Qué sabor tiene el guirlache?

a) Ácido.
b) Amargo.
c) Dulce.
d) Salado.

191. ¿Cuál de los siguientes es un plato típico procedente de Hungría?

a) Goulash.
b) Kiche.
c) Nogda.
d) Orly.

192. ¿Qué es la Purrusalda?

a) Un pez de agua dulce, de hocico prominente y barbas a cada lado.
b) Un ave salvaje, comestible, de cuyo hígado se obtiene la base para la elaboración del foie-gras.
c) Una guarnición de tomate picado gruesamente sin piel ni pepitas y rehogado.
d) Un plato típico del país vasco.

Solución al test n.º 2

1. d) Todas las respuestas son correctas.

2. d) Todas las respuestas son correctas.

3. c) Puede ser propio o ajeno.

4. a) El proceso de emplatado irá en una sola dirección y no retrocederá en ningún momento.

5. b) Unidad de producción interna y provisión externa.

6. d) Todas las respuestas son correctas.

7. b) Las tuberías y conductos de aire estarán a la vista, para evitar la acumulación de suciedad.

8. c) Se elimina la manipulación de los alimentos en los offices .

9. c) Rejillas de malla adecuadas para evitar el paso de insectos.

10. a) Deberán ser redondeados.

11. a) Deberá estar provisto de desagües con los dispositivos adecuados (sifones, rejillas, etc).

12. a) El principio de marcha adelante.

13. d) Todas las respuestas son correctas.

14. c) Las opciones b) y c) son correctas.

15. b) Materiales porosos.

16. d) Todas son correctas.

17. a) Zonas de lavado.

18. d) Las respuestas a) y b) son correctas.

19. d) Todas las respuestas son correctas.

20. c) En la cocina nunca se establecen diferentes circuitos.

21. a) Secciones de cocina donde se realizan distintas tareas.

22. d) Son correctas las respuestas a) y b).

23. c) Limpieza y fraccionamiento de pescados.

24. a) La ubicación de entrada y salida.

25. b) Tras la sección de elaboración.

26. c) 500 lux.

27. a) Permite la concentración de los recursos para optimizar los resultados.

28. b) La comida se lleva elaborada al hospital para su distribución.

29. b) Sí, la explotación de la cocina corresponde al personal del centro, pero la provisión de materia prima no.

30. d) Todas las anteriores.

31. c) Utilizando sistemas de transporte adecuados (carros y vehículos).

32. b) Que permitan el acceso para su limpieza.

33. c) Hacia la zona sucia.

34. d) Todas las respuestas son correctas.

35. b) Tendrán termómetro interno y externo con lectura interna.

36. d) Todas las respuestas son correctas.

37. c) Actividades que generan contaminación.

38. a) El acondicionamiento de la materia prima constituye un circuito sucio que no debe tener cruces con el circuito limpio.

39. b) Limpio.

40. b) Desde la zona de generación hasta la zona de evacuación.

41. c) Separar ambas operaciones en el tiempo.

42. a) El desarrollo y encadenamiento de todos los procesos y transformaciones por los que pasa el alimento desde la producción primaria hasta su distribución, venta y consumo como producto final.

43. b) Los procesos de producción de comida, conservación, emplatado y distribución se llevan a cabo en las instalaciones de cocina del hospital.

44. b) Cuarto frío.

45. d) Son ciertas a) y c).

46. d) En U.

47. c) En L.

48. d) Se atenderá atendiendo a todos los anteriores principios.

49. a) Se evitarán las contaminaciones cruzadas.

50. d) Los flujos de aire irán desde las "zonas sucias" a las "zonas limpias".

51. d) Todas las anteriores tienen esa utilidad.

52. d) Las respuestas a) y b) son correctas.

53. b) Para elaborar fondos.

54. a) De 2 a 6 litros.

55. d) Rustidera.

56. a) Pudding.

57. a) La masa fermenta dentro.

58. a) Saltear, rehogar y estofar géneros.

59. d) Todas son correctas.

60. a) Se usa para mantener calientes ciertas elaboraciones.

61. b) Para homogeneizar el grosor de ciertos alimentos como la harina.

62. b) La maquinaria ha de estar debidamente aislada para evitar toda pérdida de energía.

63. b) Con una válvula de seguridad.

64. c) La placa de inducción permanece fría al retirar el recipiente.

65. a) Absorber los vapores y gases desprendidos en la cocción.

66. c) Todos los anteriores.

67. d) Las respuestas a) y b) son correctas.

68. a) Solo transmiten calor cuando entran en contacto con el recipiente.

69. d) Todas las respuestas anteriores son correctas.

70. c) Las respuestas a) y b) son correctas.

71. d) Ninguna respuesta de las anteriores es correcta.

72. d) Todas las respuestas son correctas.

73. c) Bajar la temperatura del alimento.

74. b) Cámara de congelación.

75. d) Son ciertas las respuestas a) y b).

76. a) Son mesas de trabajo de acero inoxidable y en su parte inferior tiene instalado un sistema frigorífico.

77. d) Todas las respuestas son correctas.

78. a) Por batido y enfriamiento.

79. c) Una gratinadora.

80. d) Todas las respuestas son ciertas.

81. a) Ondas electromagnéticas.

82. a) No meter nunca recipientes metálicos.

83. b) El vapor sale por la válvula.

84. b) Asegurar una temperatura idéntica en todo el recipiente.

85. a) Frotando con un poco de mantequilla.

86. a) En ensartadoras giratorias.

87. d) Conservar.

88. c) Esteriliza el género.

89. c) Para mantener los platos calientes antes del servicio.

90. a) Un generador de calor.

91. b) Con agua.

92. d) Todas las respuestas son correctas.

93. b) Picadora.

94. c) Para crear masas, cremas y salsas.

95. b) Amasadora.

96. a) Girando.

97. a) El peso.

98. d) Son correctas las respuestas a) y b), entre otras muchas funciones.

99. b) Para medir cantidades de líquidos.

100. d) Todas las respuestas anteriores son correctas.

101. a) Bramante.

102. d) Son correctas las respuestas a) y b).

103. d) La espalmadera.

104. a) El alimento pasa por fases de conservación tras su elaboración.

105. c) No se dejan los alimentos en temperatura de riesgo.

106. a) Línea fría refrigerada.

107. d) Línea caliente.

108. b) Cocción – congelación rápida – regeneración – servicio.

109. a) Cocción al vacío.

110. c) En Suecia.

111. a) En envasado al vacío y tratamiento térmico posterior.

112. a) Elevar a temperatura de consumo los alimentos.

113. c) Ambas respuestas son correctas.

114. a) Con productos desincrustantes y poder bactericida.

115. c) Cada vez que se utilice.

116. b) Agua jabonosa.

117. a) Las marmitas y rustideras fijas.

118. c) Al módulo donde se genera el calor por distintas fuentes.

119. b) Es el lugar donde se lavan las marmitas, sartenes, cazuelas y elementos móviles del resto de equipamiento.

120. c) De madera.

121. b) Se recomiendan las máquinas de secado por aire en las cocinas, por su eficacia y no generar riesgos.

122. c) Desinfección química.

123. d) Sal.

124. b) Diaria y tantas veces como sea necesario.

125. b) No requiere de un secado posterior a su enjuague de limpieza.

126. b) Después de cada jornada.

127. b) El alimento se envasa al vacío tras su cocción.

128. a) Un sistema de enfriamiento mecánico o criogénico hace que la temperatura del alimento disminuya desde los 65 – 70 ºC que alcanza, tras la cocción, hasta un máximo de 10 ºC.

129. a) Ayuda a solucionar la falta de personal durante las noches y/o los fines semana.

130. a) El ritmo de trabajo se intensifica a determinadas horas, previas a las comidas .

131. c) Se alarga la vida media de los alimentos de forma considerable, incluso hasta meses.

132. b) Elaborar los platos en el momento en que van a ser consumidos.

133. c) 70 ºC.

134. a) Entre 0 y 3 ºC.

135. d) Todas las respuestas son correctas.

136. d) Carro de regeneración.

137. a) Por aire caliente.

138. a) Huevo frito.

139. a) Inactivación de las enzimas.

140. b) Es una fritura rápida japonesa, en especial para los mariscos y verduras.

141. d) 120º C.

142. a) Con protección.

143. a) Huevo frito.

144. c) Los 200 ºC.

145. d) Glaseado.

146. c) Escaldado.

147. b) Uso de productos de 4.ª y 5.ª gama.

148. d) Adelgazar un género mediante golpes suaves.

149. d) Decorar una verdura tallando su piel en tiras.

150. b) Ablactar.

151. a) Recubrir con una lámina fina de tocino determinadas carnes y aves con poca grasa, para que resulten más jugosas y no se sequen al cocinarlas.

152. a) Atar con un hilo para que no se deforme durante la cocción.

153. b) Recubrir un alimento con pan rallado antes de freírlo.

154. b) Rehogar.

155. a) Napar.

156. c) Introducir en la carne cruda tiras de panceta, zanahorias, trufas, etc.

157. b) Dorar un género a fuego vivo, con grasa, que resultará totalmente cocinado.

158. d) Bañar o cubrir con caramelo un preparado.

159. b) Acidular.

160. a) Empapar un postre con almíbar, vino o licor.

161. d) Escaldar.

162. a) Una concasse.

163. c) Cubrir un preparado de pastelería con azúcar fondant, mermelada, azúcar glass.

164. c) Forma de cortar en tiras de 3 a 5 centímetros de largo por 1 a 3 milímetros de grueso.

165. c) Poner a remojar en vino, licor o aguardiente, etc., alimentos muy diversos (frutas, carnes), con el fin de que adquieran parte de su sabor.

166. c) Mortificar.

167. a) Cubrir un género de una ligera capa de harina y otra posteriormente de huevo batido, antes de freírlo.

168. b) Al dente.

169. c) Desglasar.

170. a) Rustir.

171. c) Generalmente carne cortada en pequeños filetitos para una elaboración posterior. Setas cortadas a tiras.

172. a) Pularda.

173. d) Confitar.

174. a) Escaldado.

175. b) Incrustar clavos de olor, normalmente en una cebolla u otros géneros.

176. a) Un relleno para hojaldres, terrinas, pescados, crustáceos, piezas de carne o verduras, muy bien picados o molidos, y condimentados.

177. a) Médula.

178. c) Dorar al horno o en salamandra.

179. a) Áspic.

180. b) Compota.

181. a) Chantillí.

182. b) Costrada.

183. a) Sémola de trigo.

184. c) Infusionar.

185. a) Machacar de forma imperfecta con ayuda de un mortero.

186. a) Crema pastelera enriquecida con mantequilla.

187. b) Pequeños pastelillos horneados.

188. b) Envolver con plástico un producto para protegerlo.

189. b) Ablandar la carne de caza por la acción de las especies y vinos.

190. c) Dulce.

191. a) Goulash.

192. d) Un plato típico del país vasco.

TEST N.º 3

Despensas y frigoríficos, circulación de los productos, la marcha adelante. Los productos congelados

1. ¿Qué característica/s debe tener el proceso de producción en cocina?

a) Flujo continuo.
b) Separación de zonas.
c) Establecimiento de circuitos.
d) Todas las respuestas son correctas.

2. ¿Qué respuesta es falsa?

a) Cada zona de trabajo contará con los materiales necesarios.
b) Cada zona de trabajo contará con los utensilios necesarios para las tareas a realizar.
c) En la cocina nunca se establecen diferentes circuitos.
d) La respuestas a) y b) son correctas.

3. ¿Qué son las partidas?

a) Secciones de cocina donde se realizan distintas tareas.
b) Equipos específicos para tareas de pastelería o salsero.
c) Grupos de personas que elaboran un plato concreto.
d) Sistema de producción en cocina.

4. ¿A qué partida corresponde la elaboración de fondos?

a) A la partida de Salsero.
b) A la partida de Entremetier.
c) A la partida de Pastelero.
d) Son correctas las respuestas a) y b).

5. ¿A qué partida corresponde la elaboración de segundos platos cuando estos son a base de verduras y hortalizas?

a) Salsero.
b) Entremetier.

c) Pastelero.

d) Despensero.

6. ¿Cuál de estas tareas corresponde a la partida de cuarto frío?

a) Producción de pan.

b) Preparación de guarniciones.

c) Limpieza y fraccionamiento de pescados.

d) Todas las respuestas son correctas.

7. ¿En qué zona se realizará el control del etiquetado del producto?

a) En la zona de recepción de materia prima.

b) En la partida de Salsero.

c) En la zona de elaboración.

d) En la zona de distribución.

8. ¿Qué elemento/s forma/n parte de la zona de recepción?

a) Cámaras.

b) Básculas.

c) Cinta de emplatado.

d) Son correctas las respuestas a) y b).

9. ¿Qué parámetros se controlarán en las cámaras?

a) Temperatura y humedad.

b) Presión y concentración de oxígeno.

c) Peso, color y aroma.

d) Se controlarán todos los parámetros anteriores.

10. ¿Qué característica tendrá la zona de preparación de alimentos?

a) Será única y allí se realizarán todas las tareas.

b) La preparación de la materia prima se hará por separado para cada uno de los productos.

c) Estará antes de la zona de almacenamiento.

d) Son ciertas las respuestas a) y c).

11. ¿Se puede realizar en la misma zona la cocción de diferentes alimentos?

a) Sí es posible.

b) Se puede separar por zonas especializadas.

c) No. Siempre habrá diferentes áreas de trabajo.

d) Son correctas las respuestas a) y b).

12. ¿En qué zona se realiza la distribución de la comida en raciones?

a) En la zona de recepción.
b) En la zona de elaboración.
c) En la zona de emplatado.
d) En la zona de preparación.

13. La zona de lavado en cocina es la misma que la zona de:

a) Residuos.
b) Distribución.
c) Recepción.
d) Ninguna.

14. ¿Cuál de estos enunciados no coincide con la definición de "cámara"?

a) Recinto cerrado aislado térmicamente.
b) Equipo para la conservación de alimentos.
c) Sistema de transmisión al interior de energía térmica.
d) Medio para la refrigeración o la congelación de los productos alimenticios.

15. ¿Cuál de estos procesos lleva el alimento a temperatura más baja?

a) Congelación.
b) Refrigeración.
c) Abatimiento.
d) Regeneración.

16. ¿Qué temperatura es adecuada para un almacén de no refrigerados?

a) -15 ºC.
b) -18 – 24 ºC.
c) 15 – 18 ºC.
d) 0 ºC.

17. ¿Cuál es el motivo de las perforaciones que presentan algunas baldas en los almacenes?

a) Favorecer la circulación del aire.
b) Favorecer el drenaje de los líquidos.
c) Facilitar la dilatación.
d) Todas las respuestas son correctas.

18. ¿Cómo se colocarán los productos en el almacén?

a) Pegados a la pared.
b) Directamente sobre el suelo.

c) Colocando delante los más nuevos.

d) Apilados.

19. ¿Con qué producto se limpiarán las máquinas de cocina?

a) Con detergente neutro.

b) Con detergente desinfectante.

c) Con detergente espumante.

d) En seco.

20. ¿En qué momento se desinfectarán las cámaras?

a) Tras meter producto nuevo.

b) Todas las mañanas antes de la producción.

c) Cuando estén vacías.

d) No es necesario desinfectar. Es suficiente la limpieza con agua y jabón.

21. ¿Qué actividades de cocina forman el circuito sucio?

a) Las que generan contaminación.

b) Las que exigen alto grado de limpieza.

c) El almacenamiento.

d) Todas las anteriores.

22. ¿Cuál de estas actividades forma parte del circuito limpio?

a) El almacenamiento de residuos.

b) El almacenamiento de la vajilla.

c) El almacenamiento de materia prima.

d) Todas las respuestas son correctas.

23. ¿En qué caso se cruzarán los circuitos limpio y sucio?

a) Solo en la parte que afecta a la materia prima.

b) Solo en la parte que afecta a los residuos.

c) Solo en la parte que afecta a los productos elaborados.

d) En ningún caso.

24. ¿Qué diferencia una distribución lineal de cocina con una distribución en U?

a) La ubicación de entrada y salida.

b) La ordenación de las secciones.

c) El avance del proceso.

d) Todas las respuestas son ciertas.

25. En una distribución lineal, ¿dónde se ubica la sección de emplatado?

a) Inmediatamente tras la sección de preparación.
b) Tras la sección de elaboración.
c) Antes de la sección de recepción.
d) Tras la sección de preparación.

26. ¿Y en una distribución en L?

a) Inmediatamente tras la sección de preparación.
b) Tras la sección de elaboración.
c) Antes de la sección de recepción.
d) Tras la sección de preparación.

27. ¿Qué exigencia tiene la separación de los circuitos limpio y sucio?

a) Utensilios exclusivos.
b) Operaciones separadas.
c) Personal no intercambiable.
d) Todas las respuestas son correctas.

28. ¿Cuáles son los tipos de distribución más habituales en cocina?

a) Lineal, en L o en U.
b) Lineal, en E o en Z.
c) En L, en U o en Z.
d) No hay distribuciones definidas, salvo la lineal.

29. ¿Qué caracteriza a la distribución en U, haciéndola diferente del resto?

a) Continuidad del proceso.
b) Separación de zonas.
c) Giro de 180º en el avance.
d) Ninguna respuesta es correcta.

30. ¿Cuántos circuitos se definirán como mínimo en una cocina central?

a) 1.
b) 2.
c) 3.
d) 4.

31. Las cámaras de congelación:

a) Contendrán alimentos congelados, que deben mantenerse a temperaturas de entre −18 y −20 ºC.
b) Contendrán alimentos congelados, que deben mantenerse a temperaturas de entre −11 y −2 ºC.

c) Contendrán alimentos congelados, que deben mantenerse a temperaturas de entre –8 y –10 ºC.

d) Contendrán alimentos congelados, que deben mantenerse a temperaturas de entre –40 ºC.

32. ¿Qué es el aprovisionamiento de mercancía?

a) Abastecimiento de lo necesario.
b) Acumulación de existencias.
c) Provisión de materiales sin criterio de necesidad.
d) Previsión de necesidades.

33. ¿Cómo se denominan los materiales de consumo habitual, sujetos a todas las operaciones de gestión de almacén?

a) Inventariables.
b) No inventariables.
c) Almacenables.
d) No almacenables.

34. ¿Cuáles son los materiales inventariables?

a) Fungibles.
b) No fungibles.
c) Los que se agotan o consumen con el uso.
d) No almacenables.

35. ¿Dentro de qué grupo de suministros entran los víveres?

a) Fungibles.
b) No inventariables.
c) Inventariables.
d) Son válidas las respuestas a) y b).

36. ¿En qué consiste la gestión de aprovisionamiento?

a) En abastecer al centro de los productos o materiales necesarios para su actividad normal, y realizar las acciones adecuadas para que no falten, ni se acumulen en exceso.

b) En abastecer al centro de los productos o materiales necesarios para su actividad normal, acumulando en almacén para que no falten.

c) En realizar la compra de los que se van a necesitar diariamente.

d) Es el control económico del gasto en cocina.

37. ¿Cuáles son las fases de la gestión de aprovisionamiento, por orden de realización?

a) Planificación de necesidades, almacenamiento, control de inventario y compra.
b) Planificación de necesidades, control de inventario, compra y almacenamiento.

c) Planificación de necesidades, compra, almacenamiento y control de inventarios.
d) Control de inventario, compra, almacenamiento y planificación de necesidades.

38. ¿Cuál de estos factores influye en la previsión de necesidades?

a) Sistema de producción utilizado en cocina.
b) *Stock* en almacén.
c) Duración de los productos.
d) Todas las respuestas son ciertas.

39. ¿Cómo se establece la frecuencia de compra?

a) Por revisión continua.
b) Por revisión periódica.
c) Por revisión perfecta.
d) Por cualquiera de los sistemas anteriores.

40. Cuando los pedidos se hacen con una periodicidad que varía en función del ritmo de consumo de cada artículo, ¿qué sistema se está utilizando?

a) Sistema de revisión continua.
b) Sistema de revisión periódica.
c) Sistema de revisión perfecto.
d) Sistema de periodicidad continua.

41. ¿Cuál de estas cualidades no se comprobará al recepcionar alimentos?

a) Los embalajes.
b) Los envases y las etiquetas.
c) El sabor de los alimentos recibidos.
d) La calidad de la materia prima.

42. ¿Qué comprobación se hará respecto a los envases?

a) Que estén intactos.
b) Que no presenten deterioros.
c) Que no estén alterados.
d) Todas las respuestas son correctas.

43. ¿Qué condiciones de transporte tendrá la carne fresca servida en canales?

a) Vehículos cerrados e impermeabilizados.
b) Productos en contacto con suelo y paredes del vehículo.
c) Envasadas.
d) Todas las respuestas son correctas.

44. ¿Qué utilidad tiene el albarán?

a) Comprobante de la mercancía entregada para el comprador.
b) Justificante de entrega para el vendedor.
c) Justificante de pago.
d) Son correctas las respuestas a) y b).

45. ¿En qué consiste el registro documental de mercancías?

a) Archivar copia de documentos.
b) Asignación de un lugar para el almacenamiento de los productos.
c) Introducir los datos informáticos para su tratamiento.
d) Son correctas las respuestas a) y c).

46. ¿Qué es el pedido?

a) El listado de materias primas y productos solicitados.
b) La solicitud a cocina de los menús necesarios.
c) Un documento emitido por el proveedor.
d) Ninguna respuesta es correcta.

47. Si se piden 10 kg de azúcar, ¿de qué unidad se trata?

a) Unidad de almacenaje.
b) Unidad de entrega.
c) Unidad de compra.
d) Todas las respuestas son correctas.

48. Si se pide un saco de patatas, ¿de qué unidad se trata?

a) Unidad de almacenaje.
b) Unidad de entrega.
c) Unidad de compra.
d) Todas las respuestas son correctas.

49. Si se pide un palé de mercancía, ¿de qué unidad se trata?

a) De unidad de almacenaje.
b) De unidad de entrega.
c) De unidad de compra.
d) Todas las respuestas son correctas.

50. ¿En qué consiste el pedido programado?

a) El pedido se realiza en cualquier momento.
b) Se establece una periodicidad en la realización de pedidos.

c) Los pedidos se realizan cuando se llega al *stock* de seguridad.

d) Los pedidos se realizan cuando la mercancía falta.

51. ¿Qué condiciones de almacenamiento cumplirán las pilas o lotes de productos?

a) Se colocarán separados del techo.

b) Se colocarán juntos unos con otros.

c) Se colocarán pegados a las paredes laterales.

d) Todas las respuestas son correctas.

52. ¿Qué está prohibido en el almacenamiento de productos alimenticios?

a) Su almacenamiento junto a productos aptos para consumo.

b) Su almacenamiento junto a productos tóxicos.

c) Su correcto etiquetado.

d) Todas las respuestas son ciertas.

53. ¿Cuál es la temperatura de almacenamiento adecuado para cada uno de los alimentos?

a) 3 ºC.

b) 18 ºC.

c) Aquella a la que no sufran alteraciones.

d) Son correctas las respuestas b) y c).

54. ¿Qué características tendrán las máquinas que entran en contacto con los alimentos?

a) Transmitirán al producto propiedades nocivas.

b) Las partes metálicas irán revestidas por capas anticorrosión.

c) Las válvulas serán susceptibles de modificar sustancialmente las características de los alimentos.

d) Todas las respuestas son correctas.

55. ¿Qué son alimentos no perecederos?

a) Los que no se estropean nunca.

b) Los que se almacenan en sacos.

c) Aquellos que con una manipulación correcta no van a sufrir alteraciones.

d) Los deshidratados.

56. ¿En qué consiste la rotación periódica de los alimentos?

a) En poner los últimos productos adquiridos o los de fecha más alejada en lugares menos accesibles.

b) En poner los últimos productos adquiridos o los de fecha más cercana en lugares más accesibles.

c) En cambiar de ubicación los productos.
d) Ninguna respuesta es correcta.

57. ¿Qué objetivo tiene la rotación?

a) Consumir en primer lugar los que lleven menos tiempo almacenados.
b) Consumir en último lugar los que lleven más tiempo almacenados.
c) Asegurar que se consumirán primero los que pueden estropearse antes.
d) Son correctas las respuestas a) y b).

58. ¿Qué tipo de producto es una lata de anchoas?

a) Semiconserva.
b) No perecedero.
c) Conserva.
d) Fresco.

59. ¿Qué diferencia hay entre las conservas y las semiconservas?

a) Las semiconservas necesitan frío y las conservas no.
b) Las conservas necesitan frío y las semiconservas no.
c) Las semiconservas duran más tiempo que las conservas.
d) Son correctas las respuestas a) y c).

60. ¿Qué tipo de producto es la mantequilla?

a) Semiconserva.
b) No perecedero.
c) Conserva.
d) Fresco.

61. ¿Qué alimento de los siguientes tiene menor vida útil?

a) Fresco.
b) Semiperecederos.
c) Semiconserva.
d) Refrigerados.

62. ¿Por qué no se deben meter las cajas de los proveedores en el refrigerador?

a) Porque ocupan mucho espacio.
b) Porque se pueden contaminar.
c) Porque pueden contener microorganismos.
d) Por que habría que comprarlas.

63. ¿A qué temperatura se almacenan los productos cocinados congelados?

a) A 18 ºC.
b) A –18 ºC.
c) A 5 ºC.
d) A 0 ºC.

64. ¿Qué práctica está prohibida en almacén?

a) Emplear productos de limpieza.
b) Barrer en seco.
c) Barrer en húmedo.
d) Todas las respuestas son falsas.

65. ¿Qué se hará con los productos almacenados que tengan muestras de contaminación o deterioro?

a) Se retirarán las partes afectadas antes de su almacenamiento.
b) Se destinarán al consumo humano.
c) Serán retiradas.
d) Todas las respuestas son correctas.

66. ¿Cómo será la humedad de los almacenes de alimentos?

a) Elevada para evitar la desecación.
b) Baja para evitar la proliferación de hongos.
c) Homogénea y constante en todos los almacenes.
d) Depende del tipo de alimento almacenado.

67. ¿Qué es falso sobre las conservas?

a) Son productos enlatados y esterilizados.
b) Es necesario mantenerlos en frío.
c) Se almacena en lugar seco y bien ventilado.
d) Duran mucho tiempo.

68. ¿Qué es lo que no se hará en el almacenamiento de frescos?

a) Dejar los alimentos sobre el suelo.
b) Meter las cajas del proveedor en el refrigerador.
c) Sobrecargar la cámara.
d) Todas las respuestas son ciertas.

69. ¿Qué objetivo tiene establecer un sistema de rotación de la mercancía?

a) Facilitar el acceso a la mercancía más reciente.
b) Evitar que los productos se estropeen por mantenerlos por un tiempo demasiado largo.

c) Proteger los alimentos de la contaminación.
d) Todas las respuestas son correctas.

70. ¿Qué es la rotura de *stock*?

a) El deterioro de la mercancía.
b) La ausencia total de mercancía por agotamiento.
c) La acumulación de determinados artículos.
d) La falta de determinados artículos.

71. ¿En qué consiste el método LIFO?

a) Lo último en entrar es lo primero en salir.
b) Lo primero que sale será la mercancía que más tiempo lleva.
c) Lo primero que sale será lo caducado.
d) Todas son correctas.

72. ¿Cómo se denomina el método en que "lo primero que entra es lo primero que sale"?

a) FIFO.
b) LIFO.
c) FILO.
d) FLIFO.

73. ¿Cómo se determina el índice de rotación?

a) Midiendo la frecuencia de salida de un producto.
b) Contando el número de veces que se renueva un artículo en el almacén.
c) Dividiendo el número de artículos que salen, por el *stock* medio.
d) Todas las respuestas son correctas.

74. ¿Qué es el índice de obsolescencia?

a) La relación entre el número de entradas de un artículo, y la rotación del mismo.
b) Las veces que se renueva un artículo.
c) Un ratio de control en la gestión de almacén.
d) Son correctas las respuestas a) y c).

75. ¿Qué es un albarán?

a) El documento en el que aparece el precio de la mercancía entregada.
b) El documento justificante de la recepción de un producto.
c) Es un documento interno que emite el departamento que solicita determinada mercancía al almacén.
d) El documento que registra las existencias en almacén.

76. El stock de seguridad:

a) Es el que viene determinado por la capacidad de almacenaje.
b) Es el stock previsto para demandas inesperadas o retrasos en las entregas de los proveedores.
c) Indica el punto de consumo de existencias en el que es necesario reponerlas.
d) Todas son correctas.

77. ¿Qué norma de las siguientes regula los alimentos ultracongelados destinados a la alimentación humana?

a) Real Decreto 3484/2000, de 29 de diciembre.
b) Real Decreto 126/2015, de 27 de febrero.
c) Real Decreto 1109/1991, de 12 de julio.
d) Real Decreto 1245/2008, de 18 de julio.

78. La temperatura de los alimentos ultracongelados deberá ser estable y mantenerse en todas las partes del producto a una temperatura de:

a) –18 ºC o menos.
b) –15 ºC o menos.
c) –12 ºC o menos.
d) –10 ºC o menos.

79. ¿Qué criterio sigue el método FEFO en almacén?

a) Consumir primero lo que se adquirió en último lugar.
b) Consumir primero lo que se adquirió en primer lugar.
c) Consumir primero lo que está más próximo a caducar.
d) Este método no existe.

80. ¿Cómo se colocarán los alimentos cuando solo se dispone de una cámara?

a) Las verduras arriba.
b) En la parte más baja los platos preparados.
c) Los platos elaborados arriba y los crudos más abajo.
d) Las carnes en la parte más alta.

81. ¿Cuál de los siguientes alimentos no necesita refrigeración?

a) La mermelada, que es una conserva de fruta.
b) El beicon, que es una conserva de carne.
c) El salmón ahumado, que es una conserva de pescado.
d) Cualquier semiconserva.

82. ¿En cuál de los siguientes casos se desechará una lata de conserva?

a) Cuando esté abollada u oxidada.
b) Cuando el contenido presente un olor no característico.
c) Cuando el contenido esté más blando de lo normal.
d) Cuando presente alguno de los anteriores problemas**.**

83. ¿Cómo se debe evitar que se rompa la cadena del frío?

a) Evitando comprar alimentos congelados.
b) Cargando al máximo los congeladores.
c) Abriendo las puertas el tiempo mínimo imprescindible.
d) Protegiendo los alimentos con aluminio o plásticos autorizados para alimentos.

84. ¿Qué hay que tener en cuenta a la hora de almacenar alimentos?

a) Se deben colocar en pilas altas, aprovechando al máximo el espacio disponible.
b) Se rotarán periódicamente.
c) Las condiciones de temperatura y humedad serán siempre las mismas, independientemente del producto que se almacene.
d) No es necesario que los productos estén etiquetados para su almacenamiento, pero sí para su venta.

85. ¿En qué consiste la rotación de los productos almacenados?

a) En mover las cajas para que no se acumule polvo sobre ellos.
b) En colocar delante los productos que se van adquiriendo, para consumirlos antes.
c) En colocar en primer lugar los productos que ya estaban almacenados, y que tendrán fecha de caducidad más próxima, de manera que se consuman antes.
d) En cambiar de cámara los productos frescos, para que no generen olor.

86. ¿Cuál de los siguientes productos es semiperecedero?

a) Jamón cocido.
b) Carne fresca.
c) Yogures.
d) Fruta.

87. ¿Qué es falso sobre la zona de almacenamiento de alimentos?

a) Estará siempre a 15ºC.
b) Cada almacén tendrá la temperatura y humedad adecuada.
c) Para evitar la fluctuación de las condiciones ambientales del almacén, es conveniente disponer de un almacén de día, que contendrá los productos de uso inmediato para las elaboraciones de ese día.
d) Las cámaras dispondrán siempre de puertas con sistema de apertura interior.

Solución al test n.º 3

1. d) Todas las respuestas son correctas.

2. c) En la cocina nunca se establecen diferentes circuitos.

3. a) Secciones de cocina donde se realizan distintas tareas.

4. d) Son correctas las respuestas a) y b).

5. b) Entremetier.

6. c) Limpieza y fraccionamiento de pescados.

7. a) En la zona de recepción de materia prima.

8. b) Básculas.

9. a) Temperatura y humedad.

10. b) La preparación de la materia prima se hará por separado para cada uno de los productos.

11. d) Son correctas las respuestas a) y b).

12. c) En la zona de emplatado.

13. d) Ninguna.

14. c) Sistema de transmisión al interior de energía térmica.

15. a) Congelación.

16. c) 15 – 18 ºC.

17. a) Favorecer la circulación del aire.

18. d) Apilados.

19. a) Con detergente neutro.

20. c) Cuando estén vacías.

21. a) Las que generan contaminación.

22. b) El almacenamiento de la vajilla.

23. d) En ningún caso.

24. a) La ubicación de entrada y salida.

25. b) Tras la sección de elaboración.

26. b) Tras la sección de elaboración.

27. d) Todas las respuestas son correctas.

28. a) Lineal, en L o en U.

29. c) Giro de 180º en el avance.

30. b) 2.

31. a) Contendrán alimentos congelados, que deben mantenerse a temperaturas de entre –18 y –20 ºC.

32. a) Abastecimiento de lo necesario.

33. c) Almacenables.

34. b) No fungibles.

35. d) Son válidas las respuestas a) y b).

36. a) En abastecer al centro de los productos o materiales necesarios para su actividad normal, y realizar las acciones adecuadas para que no falten, ni se acumulen en exceso.

37. c) Planificación de necesidades, compra, almacenamiento y control de inventarios.

38. d) Todas las respuestas son ciertas.

39. d) Por cualquiera de los sistemas anteriores.

40. c) Sistema de revisión perfecto.

41. c) El sabor de los alimentos recibidos.

42. d) Todas las respuestas son correctas.

43. a) Vehículos cerrados e impermeabilizados.

44. d) Son correctas las respuestas a) y b).

45. d) Son correctas las respuestas a) y c).

46. a) El listado de materias primas y productos solicitados.

47. c) Unidad de compra.

48. b) Unidad de entrega.

49. a) Unidad de almacenaje.

50. b) Se establece una periodicidad en la realización de pedidos.

51. a) Se colocarán separados del techo.

52. b) Su almacenamiento junto a productos tóxicos.

53. c) Aquella a la que no sufran alteraciones.

54. b) Las partes metálicas irán revestidas por capas anticorrosión.

55. c) Aquellos que con una manipulación correcta no van a sufrir alteraciones.

56. a) En poner los últimos productos adquiridos o los de fecha más alejada en lugares menos accesibles.

57. c) Asegurar que se consumirán primero los que pueden estropearse antes.

58. a) Semiconserva.

59. a) Las semiconservas necesitan frio y las conservas no.

60. d) Fresco.

61. a) Fresco.

62. c) Porque pueden contener microorganismos.

63. b) A –18 ºC.

64. b) Barrer en seco.

65. c) Serán retiradas.

66. d) Depende del tipo de alimento almacenado.

67. b) Es necesario mantenerlos en frío.

68. d) Todas las respuestas son ciertas.

69. b) Evitar que los productos se estropeen por mantenerlos por un tiempo dema-siado largo.

70. d) La falta de determinados artículos.

71. a) Lo último en entrar es lo primero en salir.

72. a) FIFO.

73. d) Todas las respuestas son correctas.

74. d) Son correctas las respuestas a) y c).

75. b) El documento justificante de la recepción de un producto.

76. b) Es el stock previsto para demandas inesperadas o retrasos en las entregas de los proveedores.

77. c) Real Decreto 1109/1991, de 12 de julio.

78. a) –18 ºC o menos.

79. c) Consumir primero lo que está más próximo a caducar.

80. c) Los platos elaborados arriba y los crudos más abajo.

81. a) La mermelada, que es una conserva de fruta.

82. d) Cuando presente alguno de los anteriores problemas.

83. c) Abriendo las puertas el tiempo mínimo imprescindible.

84. b) Se rotarán periódicamente.

85. c) En colocar en primer lugar los productos que ya estaban almacenados, y que tendrán fecha de caducidad más próxima, de manera que se consuman antes.

86. a) Jamón cocido.

87. a) Estará siempre a 15ºC.

TEST N.º 4

Condimentos, especias, clases. Salsas y fondos de cocina; clases; elaboración

1. ¿Qué aportan fundamentalmente los condimentos a las elaboraciones culinarias?

a) Sabor y aroma característicos.
b) Calorías.
c) Vitaminas y minerales.
d) Proteínas.

2. ¿De dónde se obtiene el azúcar?

a) De la caña de azúcar.
b) De la remolacha azucarera.
c) De las plantas sacarinas.
d) Todas las respuestas son correctas.

3. ¿Qué es el azúcar pilé?

a) Azúcar terciado.
b) El azúcar proveniente de los primeros productos de extracción.
c) El procedente de los primeros productos de extracción, aglomerado en las centrífugas y desmenuzado en terrones de tamaño irregular.
d) El azúcar refinado.

4. ¿Cómo se denomina el azúcar refinado, cuando se presenta en panes de forma cónica?

a) Cortadillo.
b) Granulado.
c) Pilé
d) Pilón.

5. ¿Qué es la melada?

a) Es el producto siruposo que se obtiene por evaporación del jugo purificado de la caña antes de concentrarlo al punto de cristalización.

b) Un líquido más o menos viscoso, de color pardo oscuro, que queda como residuo en la fabricación del azúcar de caña o de la refinación de la misma.

c) Es el azúcar refinado cuando se presenta en grandes cristales transparentes y de disolución difícil.

d) Ninguna respuesta es correcta.

6. ¿De qué está compuesta el azúcar glacé?

a) Fécula de arroz o maíz.

b) Mezcla de sacarosa, glucosa y fructosa.

c) Suero de leche.

d) Glucosa anhidra.

7. ¿Qué característica/s tiene la sal comestible?

a) Contendrá una proporción de agua mayor de 5 %.

b) Estará exenta de nitratos, nitritos y sales amónicas.

c) Cristales blancos, de olor característico, e insolubles en agua

d) Todas las respuestas son correctas.

8. ¿En qué caso no referimos a un vinagre añejo?

a) Vinagre sometido a un periodo de envejecimiento mínimo de tres meses en recipientes de madera de roble.

b) Vinagre sometido a un periodo de envejecimiento mínimo de seis meses en recipientes de madera de roble.

c) Vinagre sometido a un periodo de envejecimiento mínimo de doce meses en recipientes de madera de roble.

d) Vinagre sometido a un periodo de envejecimiento mínimo de veinticuatro meses en recipientes de madera de roble.

9. ¿Cómo se obtiene el vinagre de vino?

a) Por fermentación acética.

b) Por fermentación alcohólica.

c) Por fermentación láctica.

d) Ninguna respuesta es correcta.

10. ¿Qué práctica/s está/n permitida/s en la obtención de vinagre?

a) La adición de agua al líquido alcohólico para rebajar su grado y facilitar la acetificación.

b) La oxidación forzada por medio de aire u oxígeno puro.

c) Los tratamientos térmicos.

d) Todas las respuestas son correctas.

11. ¿Qué parte de la planta se utiliza en la canela?

a) Arillos.
b) Raíz.
c) Corteza.
d) Hoja.

12. ¿Qué parte de la planta es el azafrán?

a) Los arilos.
b) Los estigmas.
c) El botón floral.
d) La raíz.

13. ¿Cuál de las siguientes hierbas pertenecen al género menta?

a) Menta.
b) Hierbabuena.
c) Poleo.
d) Todas las respuestas son correctas.

14. ¿De qué parte de la planta sale la mostaza?

a) Del tallo.
b) De la semilla.
c) De la raíz.
d) De los estambres.

15. ¿Qué otro nombre recibe el ajonjolí?

a) Sésamo.
b) Mostaza.
c) Jengibre.
d) Espliego.

16. ¿Cuál de las siguientes hortalizas se utiliza para condimentación?

a) Ajo.
b) Cebolla.
c) Puerro.
d) Todas.

17. ¿Qué es la chalota?

a) Un ajo.
b) Un bulbo parecido a la cebolla pero más suave.

c) Una hoja similar al laurel.

d) Un pimiento picante.

18. ¿Qué grasa de estas es transformada?

a) Manteca animal.

b) Margarina.

c) Sebo.

d) Manteca de coco.

19. ¿Qué tratamiento está permitido en la grasa comestible?

a) Clarificación por proceso mecánico.

b) Decoloración, por tratamiento con tierras decolorantes inofensivas y carbón activo.

c) Desodorización por corriente de vapor de agua, a presión normal o reducida.

d) Todas las respuestas son correctas.

20. ¿Qué aceite tiene una acidez libre, en ácido oleico, de más de 2 g por 100 g?

a) Extra.

b) Oliva virgen.

c) Lampante.

d) Ninguno.

21. ¿En qué caso puede figurar en la etiqueta «extracción en frío»?

a) Aceites de oliva vírgenes extra o de los aceites de oliva vírgenes obtenidos a menos de 27 °C mediante filtración o centrifugación de la pasta de aceitunas.

b) Aceites de oliva vírgenes extra o vírgenes obtenidos a menos de 17 °C, mediante un primer prensado mecánico de la pasta de aceitunas.

c) Aceites de oliva vírgenes extra o de los aceites de oliva vírgenes obtenidos a menos de 15 °C mediante filtración o centrifugación de la pasta de aceitunas.

d) Aceites de oliva vírgenes extra o vírgenes obtenidos a menos de 15 °C, mediante un primer prensado mecánico de la pasta de aceitunas.

22. ¿De qué parte se obtiene el aceite de soja?

a) De la flor.

b) De la raíz.

c) De la semilla.

d) Del tallo.

23. Indica cuál de las siguientes opciones es incorrecta con respecto al aceite de cacahuete:

a) Es el procedente de la semilla de cacahuete.

b) Podrá emplearse virgen o refinado, siempre que cumpla las condiciones estableci-das para los aceites comestible.

c) Se establece en el Código Alimentario dentro de la clasificación de aceites refinados.
d) Es un aceite de semilla.

24. ¿Qué temperatura alcanza el aceite de soja en su elaboración?

a) 100 ºC.
b) 160 ºC.
c) 200 ºC.
d) 250 ºC.

25. ¿Cómo se obtiene la manteca de cerdo?

a) Grasa del jamón del cerdo.
b) Es la grasa de depósito del cerdo, obtenida directamente o por fusión y libre de cualquier otro tejido.
c) Por fusión de las semillas y filtrado.
d) Ninguna respuesta es correcta.

26. ¿Cómo se denomina la grasa que recubre los riñones del cerdo, mesenterios y epiplones, extraída directamente del animal?

a) Manteca en rama.
b) Manteca fundida.
c) Manteca al vapor.
d) Manteca de cerdo fundida.

27. ¿Cuál/es de esta/s materias primas se utiliza para la elaboración de margarina?

a) Aceites y grasas comestibles.
b) Agua potable, leche natural o sus productos.
c) Emulgentes.
d) Todos los anteriores.

28. ¿Cómo se obtiene la manteca de palma?

a) De la corteza interior de la palmera.
b) De la semilla del fruto de la palmera.
c) De la pulpa del fruto de la palmera.
d) De las hojas desecadas de la palmera.

29. ¿Qué es el aceite de palmiste?

a) Es el aceite elaborado con la semilla del fruto de la palmera.
b) Es el aceite obtenido de la pulpa del fruto de la palmera.

c) La obtenida por presión del cacao descascarillado.

d) La procedente del fruto del cocotero.

30. En la elaboración de las grasas concretas queda autorizado:

a) La adición de grasas hidrogenadas alimenticias.

b) Manipulaciones tipo mecánicas y físicas adecuadas.

c) La adición de emulgentes.

d) Todas son correctas.

31. ¿Qué utilidad tienen los fondos?

a) Aderezar.

b) Ligar.

c) Elaborar rellenos.

d) Todas las anteriores.

32. ¿Qué es el consomé gelée?

a) Un consomé poco concentrado.

b) Un consomé concentrado que se toma frío.

c) Un fondo de pescado.

d) Un fondo oscuro.

33. ¿Qué son las farces?

a) Preparaciones básicas utilizadas para abrillantar, dar cuerpo o decorar en buffet.

b) Caldo de pescado.

c) Elaboraciones de carne o pescado mezcladas con grasa, utilizadas para rellenar géneros.

d) Ninguna respuesta es correcta.

34. ¿Cómo se denomina el preparado a base de harina tostada a fuego lento, y rehogada con grasa, utilizado para ligar?

a) Fondo.

b) Fumet.

c) Roux.

d) Bechamel.

35. ¿Cuál de las siguientes salsas está elaborada con salsa oscura obtenida del pescado?

a) Salsa nata.

b) Bechamel.

c) Concasse.

d) Genovesa.

36. ¿En qué consiste condimentar o sazonar un alimento?

a) En emplear pequeñas cantidades de determinadas sustancias, para modificar el sabor de un plato.
b) Es exclusivamente la adición de sal a las comidas.
c) Es exclusivamente la adición de especias a las comidas.
d) En elaborar un plato compuesto por distintos alimentos básicos.

37. ¿Cuáles de los siguientes elementos se utilizan como ligazones?

a) Almidón.
b) Albúmina.
c) Grasas.
d) Todos los anteriores.

38. ¿Qué es una fumet?

a) Un caldo de verduras.
b) Un fondo.
c) Un caldo concentrado de pescado.
d) Las respuestas b) y c) son correctas.

39. Los purés ligeros y refinados, con textura suave, ¿cómo se denominan?

a) Sopas.
b) Cremas.
c) Purés.
d) Gelatinas.

40. ¿Qué es la bechamel?

a) Una salsa básica caliente.
b) Una salsa básica fría.
c) Una salsa derivada fría.
d) Una salsa derivada caliente.

41. ¿Cuál de las siguientes es una salsa caliente?

a) Alioli.
b) Mojo.
c) Agridulce.
d) Ninguna de las anteriores.

42. ¿De dónde se obtiene la tapioca?

a) De la mandioca.
b) De la harina.

c) De la tapioca.
d) Del arroz.

43. ¿Qué caracteriza a las ensaladas?

a) Su gran aporte calórico.
b) Su bajo aporte vitamínico.
c) Su gran aporte en sales minerales.
d) Su bajo aporte de proteínas.

44. ¿Qué efecto produce el vinagre como aderezo en las ensaladas?

a) Destaca el sabor y aumenta la digestibilidad.
b) Intensifica el aroma de los ingredientes.
c) Refinan el sabor.
d) Estimulan moderadamente la función de algunos órganos.

45. ¿Cuál de los siguientes componentes no formarán parte de la vinagreta?

a) Vinagre.
b) Pimienta blanca molida.
c) Zumo de limón.
d) Mostaza.

46. ¿Cuál de las siguientes ensaladas lleva arroz como ingrediente?

a) Tosca.
b) Nantaise.
c) Rachel.
d) Ópera.

47. ¿Qué aplicación tiene la ensalada?

a) Como entremés.
b) Como guarnición.
c) Como plato final.
d) Todas las respuestas son correctas.

48. ¿Qué caracteriza las ensaladas templadas?

a) Alguno o algunos de sus ingredientes son añadidos al conjunto recién cocidos, cuando todavía están calientes.
b) Tras la elaboración se calienta antes del servicio.
c) Es un plato que se sirve caliente tras la cocción.
d) Se caracteriza por llevar pescado.

49. ¿Qué son las guarniciones?

a) Elaboraciones que componen un plato principal.
b) Elaboraciones que acompañan y/o decoran el alimento principal.
c) Un primer plato.
d) Un entrante.

50. ¿Qué es correcto sobre las guarniciones?

a) En ocasiones se elaboran de manera conjunta al plato principal.
b) La guarnición y el plato principal se elaboran por separado, pero se sirven en el mismo plato.
c) La cantidad de guarnición es menor que la de alimento principal.
d) Todas las respuestas son correctas.

51. ¿Cuáles son las guarniciones simples?

a) Las que se elaboran en menos de 10 minutos.
b) Las que no llevan más de 3 ingredientes.
c) Las que se componen solo de un ingrediente.
d) Las que se sirven solas.

Solución al test n.º 4

1. a) Sabor y aroma característicos.

2. d) Todas las respuestas son correctas.

3. c) El procedente de los primeros productos de extracción, aglomerado en las centrífugas y desmenuzado en terrones de tamaño irregular.

4. d) Pilón.

5. a) Es el producto siruposo que se obtiene por evaporación del jugo purificado de la caña antes de concentrarlo al punto de cristalización.

6. a) Fécula de arroz o maíz.

7. b) Estará exenta de nitratos, nitritos y sales amónicas.

8. c) Vinagre sometido a un periodo de envejecimiento mínimo de doce meses en recipientes de madera de roble.

9. a) Por fermentación acética.

10. d) Todas las respuestas son correctas.

11. c) Corteza.

12. b) Los estigmas.

13. d) Todas las respuestas son correctas.

14. b) De la semilla.

15. a) Sésamo.

16. d) Todas.

17. b) Un bulbo parecido a la cebolla pero más suave.

18. b) Margarina.

19. d) Todas son correctas.

20. c) Lampante.

21. a) Aceites de oliva vírgenes extra o de los aceites de oliva vírgenes obtenidos a menos de 27 °C mediante filtración o centrifugación de la pasta de aceitunas.

22. c) De la semilla.

23. c) Se establece en el Código Alimentario dentro de la clasificación de aceites refinados.

24. b) 160 ºC.

25. b) Es la grasa de depósito del cerdo, obtenida directamente o por fusión y libre de cualquier otro tejido.

26. a) Manteca en rama.

27. d) Todos los anteriores.

28. c) De la pulpa del fruto de la palmera.

29. a) Es el aceite elaborado con la semilla del fruto de la palmera.

30. d) Todas son correctas.

31. d) Todas las anteriores.

32. b) Un consomé concentrado que se toma frío.

33. c) Elaboraciones de carne o pescado mezcladas con grasa, utilizadas para rellenar géneros.

34. c) Roux.

35. d) Genovesa.

36. a) En emplear pequeñas cantidades de determinadas sustancias, para modificar el sabor de un plato.

37. d) Todos los anteriores.

38. d) Las respuestas b) y c) son correctas.

39. b) Cremas.

40. a) Una salsa básica caliente.

41. d) Ninguna de las anteriores.

42. a) De la mandioca.

43. c) Su gran aporte en sales minerales.

44. a) Destaca el sabor y aumenta la digestibilidad.

45. b) Pimienta blanca molida.

46. b) Nantaise.

47. d) Todas las respuestas son correctas.

48. d) Todas las respuestas son correctas.

49. b) Elaboraciones que acompañan y/o decoran el alimento principal.

50. d) Todas las respuestas son correctas.

51. c) Las que se componen solo de un ingrediente.

TEST N.º 5

Consomés, sopas y cremas; clases. Elaboración

1. ¿Qué es el consomé gelée?

a) Un consomé poco concentrado.
b) Un consomé concentrado que se toma frío.
c) Un fondo de pescado.
d) Un fondo oscuro.

2. Los purés ligeros y refinados, con textura suave, ¿cómo se denominan?

a) Sopas.
b) Cremas.
c) Purés.
d) Gelatinas.

3. ¿Cuál de las siguientes es una sopa de ajo?

a) Sopa pavesa catalana.
b) Sopa paisana.
c) Sopa castellana.
d) Todas las sopas llevan ajo.

4. ¿De qué tipo es la Vichissoise?

a) Puré.
b) Crema blanca de hortalizas.
c) Crema basada en un fondo oscuro.
d) Crema de legumbre.

5. ¿Cómo se denomina el caldo más o menos concentrado, y clarificado, que se elabora con carne o ave?

a) Consomé.
b) Fumet.

c) Fondo.

d) Farce.

6. ¿Con qué ingredientes se elabora el puré de patatas Parmentier?

a) Con leche y mantequilla.

b) Con tomate y pimienta.

c) Con bechamel ligera.

d) Todas son correctas.

7. ¿Con qué otro nombre es conocida la crema de mariscos?

a) Bisqué.

b) Suprema.

c) Darne.

d) Sopa.

8. El componente básico de la sopa denominada Boullabaisse es:

a) La carne.

b) El pescado.

c) La verdura.

d) La pasta.

9. Aceite, ajo, jamón, pimentón, huevo, pan y caldo de carne o consomé son los ingredientes de:

a) La sopa al cuarto de hora.

b) La sopa de ajo.

c) La sopa castellana.

d) La sopa boullabaisse.

10. Si le piden que quite el exceso de grasa e impurezas de un caldo, ¿qué operación debe realizar?

a) Clarificar.

b) Condensar.

c) Aderezar.

d) Desangrar.

11. ¿Qué diferencia hay entre el consomé ordinario y el consomé doble?

a) La concentración.

b) La temperatura.

c) Los ingredientes.

d) La guarnición.

12. ¿Cuál de los siguientes consomés se elabora con pescado?

a) Wedel.
b) Windsor.
c) Emperatriz.
d) Aurora.

13. ¿Cuál de las siguientes es una sopa de pescado?

a) Boullabaisse.
b) Sopa pavesa catalana.
c) Sopa castellana.
d) Sopa juliana.

14. ¿Cómo se elabora la sopa de fideos?

a) Con caldo de carne.
b) Con caldo de pescado.
c) Con agua y sal.
d) Son correctas las respuestas a y b.

15. ¿Qué es un parmentier?

a) Un puré de patatas con mantequilla y leche.
b) Un queso cremoso.
c) Una sopa de queso.
d) Un consomé de patata.

16. ¿Qué es la crema Argentuil?

a) Una crema de hortalizas.
b) Una crema de carne.
c) Una crema de arroz.
d) Un consomé de ave.

17. ¿Cuál de las siguientes cremas está elaborada a base de legumbre?

a) Alexandra.
b) Condé.
c) Vichissoise
d) Roux.

18. ¿Cuál de las siguientes cremas se elabora con una legumbre?

a) De tirabeques.
b) De perdiz.

c) De setas.
d) Parmentier.

19. ¿Qué ingrediente no lleva la sopa castellana?

a) Jamón.
b) Pimiento´
c) Huevo.
d) Pescado.

20. ¿Qué es correcto sobre el consomé?

a) Se sirve en frio o en caliente.
b) Es un caldo clarificado.
c) Se puede utilizar como fondo para elaboración de otros platos, o como primer plato.
d) Todas las respuestas son correctas.

Solución al test n.º 5

1. b) Un consomé concentrado que se toma frío.

2. b) Cremas.

3. c) Sopa castellana.

4. b) Crema blanca de hortalizas.

5. a) Consomé.

6. a) Con leche y mantequilla.

7. a) Bisqué.

8. b) El pescado.

9. c) La sopa castellana.

10. a) Clarificar.

11. a) La concentración.

12. d) Aurora.

13. a) Boullabaisse.

14. d) Son correctas las respuestas a y b.

15. a) Un puré de patatas con mantequilla y leche.

16. a) Una crema de hortalizas.

17. b) Condé.

18. a) De tirabeques.

19. d) Pescado.

20. d) Todas las respuestas son correctas.

TEST N.º 6

Hortalizas y verduras; clases. Limpieza, preparación y elaboración. Ensaladas, elaboración

1. ¿Cuáles de las siguientes hortalizas son bulbos?

a) Berenjena, guindilla, pimiento.
b) Ajo, cebolla y puerro.
c) Ajo, guisante y lombarda.
d) Berenjena, cebolleta y berro.

2. ¿Qué tipo de alimento es la patata?

a) Un bulbo.
b) Una legumbre.
c) Un fruto.
d) Un tubérculo.

3. Según el Código Alimentario Español, ¿en qué grupo de alimentos se incluye al tomate?

a) Verduras.
b) Hortalizas.
c) Frutas carnosas. .
d) Frutos oleaginosos.

4. Las hortalizas destinadas al consumo fresco deben:

a) Estar recién recolectadas.
b) Estar exentas de artrópodos.
c) Estar exentas de lesiones o traumatismos.
d) Todas las anteriores.

5. ¿A qué se debe el ennegrecimiento de las verduras?

a) A la oxidación.
b) A las grasas.
c) A la luz.
d) Todas las respuestas son falsas.

6. ¿Cómo se puede evitar?

a) Pelando.
b) Con zumo de limón.
c) Por escaldado.
d) Con aceite.

7. ¿Qué cambio/s sufre la fruta durante el proceso de maduración?

a) Se endulza.
b) Se ablanda y cambia de color.
c) Modifica su valor nutritivo.
d) Todas las respuestas son correctas.

8. ¿Qué cambio de color se da en la maduración de la verdura?

a) El verde se hace más intenso.
b) Aparecen los rojos y amarillos.
c) Los verdes se aclaran.
d) Aparecen los blancos.

9. ¿Qué factores marcan la buena calidad de las hortalizas?

a) La estación.
b) La recolección.
c) La madurez.
d) Todas las respuestas anteriores son correctas.

10. Si al pelar una hortaliza se ennegrece, ¿qué debemos hacer?

a) Meterla en agua con unas gotas de limón.
b) Restregarla con sal.
c) Limpiarla con unas gotas de lejía.
d) Envolverla en papel de aluminio durante 10 minutos.

11. Es aconsejable lavar las hortalizas que se consumen crudas:

a) Con agua salada.
b) Con agua y unas gotas de lejía.

c) Solamente con agua.

d) Con agua a la que se le añaden unas gotas de limón.

12. En la preparación básica de:

a) Los tomates, se deberá quitar la piel en todos los casos.

b) Las alcachofas, una vez eliminadas las hojas exteriores, se meterán en agua con lejía para evitar su ennegrecimiento.

c) La remolacha roja, se lavará primero sin cortar las ramas o tallos con los que vienen.

d) Las acelgas, solo se utilizarán las hojas, desprendiéndoles los tallos, por no tener ningún valor nutritivo.

13. En cuanto a la judía verde:

a) Solo se aprovecha la vaina.

b) Se limpiará eliminando los filamentos que unen ambas caras de la vaina.

c) La corola leñosa que le sirve para sujetarse a la mata puede usarse como condimento.

d) Una vez pelada se limpiará con agua y abundante sal.

14. Los ajos:

a) Son usados para la elaboración de encurtidos, con sales y aceites.

b) Son bulbos, semillas que crecen sobre tierra, necesitando gran cantidad de agua para su crecimiento.

c) A los dientes se les deberá quitar siempre la película que los protege pues esta es muy dañina.

d) Todas son incorrectas.

15. ¿A qué es debido el ennegrecimiento que presentan algunas hortalizas cuando se les quita la piel protectora?

a) Al alto contenido en agua.

b) A los productos fertilizantes con los que son tratados.

c) A las bacterias y enzimas.

d) A la oxidación.

16. ¿Cuál de los siguientes sistemas es correcto para el pelado de verduras?

a) Con cuchillo o con máquina peladora.

b) Por escaldado.

c) Por asado.

d) Todas las respuestas son correctas.

17. ¿Qué son alcauciles?

a) Judías.

b) Alcachofas.

c) Guisantes.
d) Habas.

18. ¿Cómo es el corte brunoise?

a) Dados pequeños.
b) Láminas.
c) Tiras finas.
d) A gajos.

19. En la preparación de aves, ¿a qué llamamos "albardado"?

a) A la eliminación de las plumas.
b) A sujetar las carnes crudas de ave para mejorar su estética ante el comensal.
c) A envolver el ave en tiras de tocino, para evitar que se reseque al cocinarlo.
d) A eliminar patas, cabeza y cuello.

20. ¿Cómo es el corte de la patata paja?

a) Dados pequeños.
b) Muy fina, se corta con mandolina.
c) Muy gruesa, se corta con cuchillo.
d) Rodajas onduladas.

21. ¿Qué parte de la judía verde es comestible?

a) La vaina.
b) La semilla interna.
c) El tallo.
d) Las respuestas a) y b) son correctas.

22. Durante la tarea de limpieza y preparación de las verduras, ¿dónde irán los desperdicios?

a) Se acumularán sobre la tabla de corte hasta el final de la jornada.
b) Se llevarán directamente al depósito intermedio, que será refrigerado.
c) Se retirarán enseguida de la zona de manipulación y se depositarán en un contenedor situado cerca.
d) Las respuestas a) y b) son correctas.

23. ¿Cómo es el corte de patata española?

a) Fina como una cerilla.
b) De un centímetro aproximadamente.
c) Muy gorda, rectangular y alargada.
d) Ninguna respuesta es correcta.

24. ¿Qué caracteriza a las ensaladas?

a) Su gran aporte calórico.
b) Su bajo aporte vitamínico.
c) Su gran aporte en sales minerales.
d) Su bajo aporte de proteínas.

25. ¿Cuál de las siguientes ensaladas lleva arroz como ingrediente?

a) Tosca.
b) Nantaise.
c) Rachel.
d) Ópera.

26. ¿Qué aplicación tiene la ensalada?

a) Como entremés.
b) Como guarnición.
c) Como plato final.
d) Todas las respuestas son correctas.

27. ¿Qué caracteriza las ensaladas templadas?

a) Alguno o algunos de sus ingredientes son añadidos al conjunto recién cocidos, cuando todavía están calientes.
b) Tras la elaboración se calienta antes del servicio.
c) Es un plato que se sirve caliente tras la cocción.
d) Se caracteriza por llevar pescado.

Solución al test n.º 6

1. b) Ajo, cebolla y puerro.

2. d) Un tubérculo.

3. c) Frutas carnosas.

4. d) Todas las anteriores.

5. a) A la oxidación.

6. b) Con zumo de limón.

7. d) Todas las respuestas son correctas.

8. b) Aparecen los rojos y amarillos.

9. d) Todas las respuestas anteriores son correctas.

10. a) Meterla en agua con unas gotas de limón.

11. b) Con agua y unas gotas de lejía.

12. c) La remolacha roja, se lavará primero sin cortar las ramas o tallos con los que vienen.

13. b) Se limpiará eliminando los filamentos que unen ambas caras de la vaina.

14. a) Son usados para la elaboración de encurtidos, con sales y aceites.

15. d) A la oxidación.

16. d) Todas las respuestas son correctas.

17. b) Alcachofas.

18. a) Dados pequeños.

19. c) Envolver el ave en tiras de tocino, para evitar que se reseque al cocinarlo.

20. b) Muy fina, se corta con mandolina.

21. d) Las respuestas a) y b) son correctas.

22. c) Se retirarán enseguida de la zona de manipulación y se depositarán en un contenedor situado cerca.

23. b) De un centímetro aproximadamente.

24. c) Su gran aporte en sales minerales.

25. b) Nantaise.

26. d) Todas las respuestas son correctas.

27. a) Alguno o algunos de sus ingredientes son añadidos al conjunto recién cocidos, cuando todavía están calientes.

TEST N.º 7

Legumbres secas; clases; conservación. Pre-elaboración y cocción. Potajes, clases

1. ¿Qué tipo de alimento son las habas?

a) Frutos.
b) Legumbres.
c) Bulbos.
d) Frutas.

2. Según el Código Alimentario Español, ¿cómo se clasifican el tirabeque?

a) Legumbre verde.
b) Legumbre seca.
c) Tallo.
d) Fruto.

3. ¿Qué es el altramuz?

a) Un cereal.
b) Una legumbre
c) Una hortaliza.
d) Un animal.

4. ¿De qué parte se obtiene el aceite de soja?

a) De la flor.
b) De la raíz.
c) De la semilla.
d) Del tallo.

5. ¿Cuál de los siguientes platos es un estofado?

a) Crema de verduras.
b) Carne en salsa.

c) Huevo pasado por agua.
d) Judías con chorizo.

6. ¿Qué tipo de alimento son las habas?

a) Frutos.
b) Legumbres.
c) Bulbos.
d) Frutas.

7. Según el Código Alimentario Español, ¿cómo se clasifican las judías verdes?

a) Legumbre fresca.
b) Legumbre seca.
c) Tallo.
d) Fruto.

8. Según el Código Alimentario Español, ¿cuáles de los siguientes alimentos son legumbres secas?

a) Judía, garbanzo y soja.
b) Lenteja, altramuz y haba seca.
c) Cacahuete, algarroba y Guisante seco.
d) Todas las respuestas son correctas.

9. ¿Para qué se remojan las legumbres secas?

a) Para que se rehidraten.
b) Para que pierdan parte del color.
c) Para que pierdan las impurezas que tienen en su interior.
d) No es necesario remojar la legumbre seca.

10. ¿Qué tipo de legumbre son las fabes?

a) Garbanzo.
b) Judía.
c) Lenteja.
d) Legumbre fresca.

11. ¿Cuál de las siguientes judías no es blanca?

a) Judías del Barco.
b) Judiones de la granja.
c) Judías de Tolosa.
d) Fabes.

12. ¿Qué legumbre lleva el potaje de vigilia?

a) Judía.
b) Garbanzo.
c) Lenteja.
d) Soja.

13. ¿De qué región es típico el Pote?

A) País Vasco.
b) Galicia.
c) Andalucía.
d) Valencia.

14. ¿Cuál de las siguientes no es una legumbre seca?

a) Lenteja.
b) Altramuz.
c) soja.
d) Ninguna respuesta es correcta.

15. ¿Qué legumbre lleva la paella valenciana?

a) Algarroba.
b) Soja.
c) Garrafón.
d) Guisante.

16. ¿Dónde se cultiva principalmente el garbanzo Chamad?

a) En Granada.
b) En Madrid.
c) En Toledo.
d) En León.

17. ¿Cuántas variedades de garbanzo se distinguen en España?

a) 1.
b) 3.
c) 5.
d) 7.

18. ¿Qué características determinan la calidad de una legumbre?

a) Facilidad de cocción.
b) Tamaño homogéneo.

c) Grado de desecación.
d) Todas las respuestas son correctas.

19. ¿Cuántas tipos de garbanzos hay básicamente?

a) 3.
b) 5.
c) 10.
d) 15.

20. ¿Cuál de los siguientes es un plato basado en legumbres?

a) Escalivada.
b) Escudella.
c) Escarapuche.
d) Escabeche.

21. ¿Qué aspecto incluye el Reglamento (UE) 2021/328 en el anexo I del Reglamento (CE) 582/2004?

a) La prohibición de utilizar el mismo transporte para alérgenos que para alimentos que deben estar exentos.
b) La autorización para almacenar juntos alérgenos con alimentos que deben estar exentos.
c) La necesidad de utilizar agua potable en cocina para evitar la contaminación de los alimentos.
d) Todas las respuestas son correctas.

22. ¿Qué es correcto sobre el Reglamento (UE) 2021/328?

a) Introduce el concepto de la protección medioambiental en la empresa alimentaria.
b) Introduce el concepto de la cultura de seguridad alimentaria en la empresa alimentaria.
c) Introduce el concepto del alérgeno.
d) Introduce el concepto de la higiene alimentaria.

Solución al test n.º 7

1. b) Legumbres.

2. a) Legumbre verde.

3. b) Una legumbre.

4. c) De la semilla.

5. b) Carne en salsa.

6. b) Legumbres.

7. a) Legumbre fresca.

8. d) Todas las respuestas son correctas.

9. a) Para que se rehidraten.

10. b) Judía.

11. c) Judías de Tolosa.

12. b) Garbanzo.

13. b) Galicia.

14. d) Ninguna respuesta es correcta.

15. c) Garrafón.

16. a) En Granada.

17. c) 5.

18. d) Todas las respuestas son correctas.

19. a) 3.

20. b) Escudella.

21. a) La prohibición de utilizar el mismo transporte para alérgenos que para alimentos que deben estar exentos.

22. b) Introduce el concepto de la cultura de seguridad alimentaria en la empresa alimentaria.

TEST N.º 8

La pasta italiana, variedades; cocción y preparación. El arroz, variedades; elaboración. Los huevos, elaboraciones básicas

1. ¿Cuándo se considera que un huevo es fresco?

a) Cuando se mantiene en cámaras a temperatura no superior a 4 ºC durante un tiempo inferior a 30 días.
b) Cuando está conservado por encima de 0 ºC durante una semana como máximo.
c) Sólo se considera fresco el huevo recién puesto.
d) Cuando no ha sido refrigerado ni conservado por ningún método.

2. Un huevo que ha sido incubado se dice que es un huevo:

a) Fresco.
b) Defectuoso.
c) Averiado.
d) Podrido.

3. Si un huevo tiene la clara de color verdoso, ¿qué le ocurre?

a) Se desechará.
b) Está defectuoso.
c) Es un huevo de oca.
d) Está en perfectas condiciones.

4. ¿Qué peso tienen los huevos de tamaño L?

a) 43-53 g.
b) 53-63 g.
c) 63-73 g.
d) 73-83 g.

5. ¿Cuál es el primer número del código de los huevos ecológicos?

a) 0.
b) 1.
c) 2.
d) 3.

6. ¿Qué significa que un huevo se vaya al fondo en salmuera?

a) Muy fresco.
b) Poco fresco.
c) Pasado.
d) No indica nada.

7. Los huevos frescos vistos al ovoscopio aparecerán:

a) Perfectamente claros y sin sombra alguna.
b) La cámara de aire será de tamaño pequeño, de no más de 7 milímetros de altura.
c) La yema aparecerá sombreada en el centro sin un desplazamiento sensible hacia los lados.
d) Todas las anteriores.

8. ¿Qué diferencia a los huevos blancos y los morenos?

a) El valor nutritivo.
b) El color de la cascara.
c) La consistencia.
d) El modo de elaboración.

9. ¿Cuál de estos huevos tiene la clara semilíquida?

a) Pasado por agua.
b) Española.
c) Al plato.
d) Mollets.

10. ¿Qué característica principal tiene el arroz caldoso?

a) Presentar caldo al final de su cocción.
b) Se compaña de salsa alioli.
c) Es adicionado con manteca o aceite de achiote.
d) En el momento de servir se añaden unas almendras peladas, cortadas en filetes y tostadas.

11. ¿Qué tipo de grano tiene el arroz salvaje o silvestre?

a) Grano gordo y de color negro.
b) Grano largo, fino y de color negro.

c) Grano fino, brillante y de color rojo.
d) Grano achatado y de color blanco.

12. ¿Cuál de las siguientes modalidades de cocinado no se considera arroz seco?

a) Pilaw.
b) Paellas.
c) Arroz blanco.
d) Risotto.

13. ¿Qué técnica se habrá utilizado para elaborar macarrones?

a) Cocción al vacío.
b) Asado.
c) Fritura.
d) Cocción por ebullición.

14. ¿Qué tipo de producto es el arroz?

a) Un cereal.
b) Una pasta.
c) Un fruto.
d) Una semilla.

15. Un huevo fresco tiene en la superficie restos de suciedad adheridos. ¿Cómo se eliminarán antes de su refrigeración?

a) En seco.
b) Sumergiendo en agua.
c) Frotando con un paño impregnado en agua y jabón.
d) No se elimina. Se refrigera tal cual.

16. ¿A qué temperatura debe estar el agua para la cocción de un huevo?

a) 100 ºC.
b) 70 ºC.
c) 60 ºC.
d) 40 ºC.

17. Si un huevo tiene la clara de color verdoso, ¿qué le ocurre?

a) Se desechará.
b) Está defectuoso.
c) Es un huevo de oca.
d) Está en perfectas condiciones.

18. Un huevo que ha sido incubado se dice que es un huevo:

a) Fresco.
b) Defectuoso.
c) Averiado.
d) Podrido.

19. ¿Qué peso tienen los huevos de tamaño L?

a) 43 – 53 g.
b) 53 – 63 g.
c) 63 – 73 g.
d) 73 – 83 g.

20. ¿Qué significa que el arroz "se pasa"?

a) Que le falta cocción.
b) Que queda duro.
c) Que supera el tiempo de cocción y queda blando y pastoso.
d) Que se supera el tiempo de cocción y el arroz encoge.

21. ¿Cuál de estas elaboraciones de pasta lleva carne?

a) Arrabiata.
b) Al pesto.
c) A la boloñesa.
d) Todas las respuestas son correctas.

22. ¿Qué tipo de alimento son los raviolis?

a) Pasta rellena.
b) Arroz caldoso.
c) Legumbres secas.
d) Cereales.

23. ¿Qué forma tienen los tallarines?

a) Espiral.
b) Cuadrada.
c) Tiras planas.
c) Placas finas.

24. ¿Cuál de las siguientes es una sopa que lleva pasta?

a) Sopa castellana.
b) Minestrone.

c) Gnocchi.
d) Polenta.

25. ¿De dónde es el arroz de Calasparra?

a) China.
b) Murcia.
c) Cataluña.
d) Valencia.

26. Variedad de arroz aromático utilizado en la India:

a) Surinam.
b) Basmati.
c) Glaseado.
d) Sémola.

27. ¿Qué tipo de elaboración es la paella?

a) Arroz seco.
b) Arroz cremoso.
c) Arroz caldoso.
d) Todas las respuestas son correctas.

Solución al test n.º 8

1. d) Cuando no ha sido refrigerado ni conservado por ningún método.

2. c) Averiado.

3. a) Se desechará.

4. c) 63-73 g.

5. a) 0.

6. a) Muy fresco.

7. d) Todas las anteriores.

8. b) El color de la cascara.

9. a) Pasado por agua.

10. a) Presentar caldo al final de su cocción.

11. b) Grano largo, fino y de color negro.

12. c) Arroz blanco.

13. d) Cocción por ebullición.

14. a) Un cereal.

15. a) En seco.

16. a) 100 ºC.

17. a) Se desechará.

18. c) Averiado.

19. c) 63 – 73 g.

20. c) Que supera el tiempo de cocción y queda blando y pastoso.

21. c) A la boloñesa.

22. a) Pasta rellena.

23. c) Tiras planas.

24. b) Minestrone.

25. b) Murcia.

26. b) Basmati.

27. a) Arroz seco.

TEST N.º 9

**Los pescados y mariscos; clases, limpieza y preparación.
Elaboración; conservación**

1. El Código Alimentario Español, dentro del grupo de "pescados", incluye los siguientes:

a) Aquellos animales que viven en el agua y son comestibles.
b) Exclusivamente a los vertebrados marinos.
c) Exclusivamente a los vertebrados de agua dulce.
d) Todos excepto las ballenas, por ser mamíferos.

2. ¿Cuál de las siguientes afirmaciones es falsa?

a) El pescado tiene menos grasas saturadas y menos colesterol que algunas carnes.
b) El pescado azul tiene mayor valor calórico que el blanco.
c) El pescado fresco tiene mayor valor nutritivo que el congelado.
d) Todas son falsas.

3. ¿Cuál de los siguientes tipos de pescados es el más rico en grasa?

a) Blanco.
b) Ahumado.
c) Azul.
d) Crudo.

4. ¿Cuál de las siguientes características indican que un pescado blanco es fresco?

a) Branquias de color vivo, sin mucosidad.
b) Ojos convexos y opacos.
c) Carne de consistencia blanda.
d) Todas las respuestas son correctas.

5. Indica la respuesta incorrecta sobre el marisco congelado:

a) Debe conservarse a -23ºC.
b) Presentarán al corte una carne compacta.
c) Al descongelarlo presentarán el aspecto, la consistencia y el olor de los frescos.
d) Todas las respuestas son incorrectas.

6. ¿Cuál de las siguientes no es una característica de frescura de los crustáceos?

a) Caparazón brillante.
b) Facilidad para separar la cabeza del abdomen.
c) Carne elástica.
d) Olor agradable a mar.

7. ¿Qué característica presentará el pescado fresco?

a) Agallas de color rojizo vivo y limpio.
b) Ojos opacos.
c) Carne blanda que se separa fácilmente de la espina.
d) Todas las respuestas enumeran características de frescura.

8. ¿Cuál de estos signos indica pescado no fresco?

a) Carne flácida.
b) Ojos brillantes.
c) Color y olor normal.
d) Todas las respuestas son correctas.

9. ¿Qué es cierto sobre el mantenimiento del pescado fresco?

a) Los recipientes tendrán orificios en la base para la salida del agua resultante del hielo al derretirse.
b) Se mantendrá por debajo de los 0 ºC.
c) Se apilarán todas las cajas.
d) Todas las respuestas son correctas.

10. ¿Cuántas conchas o valvas tiene un molusco?

a) Ninguna.
b) Una.
c) Dos.
d) Cualquiera de las opciones anteriores es posible, dependiendo del tipo de molusco.

11. ¿Cómo se comercializan los mariscos?

a) Vivos.
b) Congelados.

c) Cocidos.
d) Todas las respuestas son correctas.

12. ¿Qué corte del pescado lleva espina?

a) Lomo.
b) Medallón.
c) Suprema.
d) Ninguna respuesta es correcta.

13. ¿Qué operación se realiza en la zona de preparación de pescado?

a) Pelado.
b) Escurrido.
c) Desespinado.
d) Todas son ciertas.

14. ¿Dónde harías la incisión en el pescado para eviscerar?

a) En la parte inferior.
b) En la parte superior.
c) En la parte dorsal.
d) En la parte posterior.

15. El pescado se debe limpiar:

a) Con agua y productos desinfectantes.
b) Con agua muy fría y sustancias antianisaki.
c) Con agua y sal.
d) Solo con agua.

16. ¿Qué procedimiento de preparación del pescado consiste en cortar las aletas con una tijera hacia la cabeza?

a) Desbardado.
b) Eviscerado.
c) Desaletado.
d) No es ninguno de los anteriores.

17. El corte de pescado en forma de porción sin espina, con o sin piel, obtenida por corte del lomo se denomina:

a) Trancha.
b) Suprema.
c) Poupieta.
d) Falda.

18. Las faldas en el pescado se denominan también:

a) Ventrescas.
b) Collares.
c) Alas.
d) Todas las denominaciones anteriores son sinónimas.

19. El Código Alimentario Español, dentro del grupo de "pescados", incluye los siguientes:

a) Aquellos animales que viven en el agua y son comestibles.
b) Exclusivamente a los vertebrados marinos.
c) Exclusivamente a los vertebrados de agua dulce.
d) Todos excepto las ballenas, por ser mamíferos.

20. ¿Cuál de las siguientes afirmaciones es falsa?

a) El pescado tiene menos grasas saturadas y menos colesterol que algunas carnes.
b) El pescado azul tiene mayor valor calórico que el blanco.
c) El pescado fresco tiene mayor valor nutritivo que el congelado.
d) Todas son falsas.

21. En una cocina de colectividades, ¿es correcto filetear un pescado y una carne en el mismo lugar y con los mismos utensilios?

a) Si, siempre que se filetee la carne antes que el pescado.
b) Si, siempre que se filetee el pescado antes que la carne.
c) Si, siempre que los utensilios se limpien entre una y otra operación.
d) No, lo correcto es manipular la carne y el pescado en diferentes lugares y con distintos utensilios para evitar la contaminación cruzada.

22. Las faldas en el pescado se denominan también:

a) Ventrescas.
b) Collares.
c) Alas.
d) Todas las denominaciones anteriores son sinónimas.

23. Según el Código Alimentario Español, ¿cuáles son pescados?

a) Esturión, sardina, carabinero.
b) Vieira, calamar, bacalao.
c) Lisa, rape, cabracho.
d) Abadejo, langosta, nécora.

24. Según el Código Alimentario Español, ¿cuáles de los siguientes no son crustáceos?

a) Bogavante, cigala, gamba.
b) Nécora, centollo, buey.
c) Almeja, berberecho, navaja.
d) Carabinero, langostino, quisquilla.

25. ¿Qué tienen en común el pulpo, el calamar y la sepia?

a) Que son pescados.
b) Que son cefalópodos.
c) Que son el mismo animal en diferentes fases de su vida.
d) Ninguna correcta.

26. ¿Qué corte del pescado lleva espina?

a) Lomo.
b) Medallón.
c) Suprema.
d) Ninguna respuesta es correcta.

27. ¿Qué operación se realiza en la zona de preparación de pescado?

a) Pelado.
b) Escurrido.
c) Desespinado.
d) Todas son ciertas.

28. ¿Dónde haría la incisión en el pescado para eviscerar?

a) En la parte inferior.
b) En la parte superior.
c) En la parte dorsal.
d) En la parte posterior.

29. El pescado se debe limpiar:

a) Con agua y productos desinfectantes.
b) Con agua muy fría y sustancias antianisaki.
c) Con agua y sal.
d) Solo con agua.

30. ¿Qué procedimiento de preparación del pescado consiste en cortar las aletas con una tijera hacia la cabeza?

a) Desbardado.
b) Eviscerado.

c) Desaletado.

d) No es ninguno de los anteriores.

31. El corte de pescado en forma de porción sin espina, con o sin piel, obtenida por corte del lomo se denomina:

a) Trancha.

b) Suprema.

c) Poupieta.

d) Falda.

Solución al test n.º 9

1. a) Aquellos animales que viven en el agua y son comestibles.

2. c) El pescado fresco tiene mayor valor nutritivo que el congelado.

3. c) Azul.

4. a) Branquias de color vivo, sin mucosidad.

5. d) Todas las respuestas son incorrectas.

6. b) Facilidad para separar la cabeza del abdomen.

7. a) Agallas de color rojizo vivo y limpio.

8. a) Carne flácida.

9. a) Los recipientes tendrán orificios en la base para la salida del agua resultante del hielo al derretirse.

10. d) Cualquiera de las opciones anteriores es posible, dependiendo del tipo de molusco.

11. d) Todas las respuestas son correctas.

12. d) Ninguna respuesta es correcta.

13. c) Desespinado.

14. a) En la parte inferior.

15. d) Solo con agua.

16. a) Desbardado.

17. b) Suprema.

18. d) Todas las denominaciones anteriores son sinónimas.

19. a) Aquellos animales que viven en el agua y son comestibles.

20. c) El pescado fresco tiene mayor valor nutritivo que el congelado.

21. d) No, lo correcto es manipular la carne y el pescado en diferentes lugares y con distintos utensilios para evitar la contaminación cruzada.

22. d) Todas las denominaciones anteriores son sinónimas.

23. c) Lisa, rape, cabracho.

24. c) Almeja, berberecho, navaja.

25. b) Que son cefalópodos.

26. d) Ninguna respuesta es correcta.

27. c) Desespinado.

28. a) En la parte inferior.

29. d) Solo con agua.

30. a) Desbardado.

31. b) Suprema.

TEST N.º 10

Las carnes; clases; las distintas piezas y su utilización. Preparación. Elaboraciones

1. Señala cuál de las siguientes afirmaciones es correcta:

a) La canal incluye la carne y todas las vísceras del animal.
b) Los derivados cárnicos son productos alimenticios preparados total o parcialmente con carnes o despojos sometidos a operaciones específicas.
c) Los productos tales como solomillo, entrecot, bistec, chuletas, etc., se consideran derivados cárnicos.
d) Todas las respuestas anteriores son correctas.

2. ¿Cómo se denomina el tocino entreverado que ha sido sometido a operaciones de ahumado, salazón o adobo?

a) Panceta.
b) Bacón.
c) Papada.
d) Lomo.

3. ¿Cómo se denomina al pollo castrado y bien cebado?

a) Gallina.
b) Pichón.
c) Capón.
d) Lechón.

4. ¿Cuál de los siguientes alimentos es un embutido de carne?

a) Chorizo.
b) Salchicha.
c) Salchichón.
d) Todas son correctas.

5. ¿Cuál de los siguientes alimentos se considera un derivado de la carne?

a) Babilla.
b) Tapa.
c) Tocino.
d) Patas.

6. ¿Cuál de los siguientes pertenece a la espacie de Bóvido?

a) Novillo.
b) Buey.
c) Ternera.
d) Todos los anteriores.

7. ¿Cómo se denomina al cerdo macho dedicado a la reproducción?

a) Verraco.
b) Tostón.
c) Lechal
d) Ibérico.

8. ¿Qué animal es una pintada?

a) Una paloma.
b) Un ave.
c) Un Ánsar.
d) Todas son correctas.

9. ¿Cuál es el macho adulto castrado de los bóvidos?

a) Toro.
b) Buey.
c) Ternero.
d) Choto.

10. ¿Cómo se denomina el porcino desde que nace hasta el destete?

a) Lechón.
b) Tostón.
c) Verraco.
d) Cerdo.

11. ¿De dónde es autóctono el cerdo ibérico?

a) De América.
b) De Asia.

c) De Suiza.
d) De España.

12. ¿Qué aves son de categoría A?

a) Las que presentan algunos golpes.
b) Las que tienen rotura de piel.
c) Las que no tienen golpes ni roturas.
d) Las que tienen daños externos graves.

13. ¿Qué son derivados cárnicos?

a) Productos alimenticios preparados totalmente con carne.
b) Productos alimenticios preparados totalmente con despojos.
c) Productos alimenticios preparados parcialmente con carnes y despojos.
d) Todas las respuestas son correctas.

14. En el despiece del cerdo ibérico, ¿de dónde se saca la "presa"?

a) De la porción anterior al lomo.
b) De la porción adosada a la escápula.
c) De la parte final o posterior del lomo.
d) Del extremo superior de la falda, próximo al cabecero.

15. ¿A qué se debe la diferencia de color entre las carnes blancas y rojas?

a) A la presencia de un pigmento (mioglobina) que transporta oxígeno en la sangre, y que da la tonalidad oscura en las carnes rojas.
b) A la ausencia de un pigmento (hemoglobina) que transporta oxígeno a la sangre, y que da la tonalidad en las carnes rojas.
c) A la presencia de colorantes industriales.
d) A la presencia de pigmentos vegetales que provienen de la alimentación del animal.

16. ¿Cuál de estos factores influyen en la calidad de la carne?

a) Edad y género.
b) Raza, sacrificio y tratamiento.
c) Alimentación y estado sanitario.
d) Todas las respuestas son correctas.

17. ¿Cómo se denomina el fraccionado de los trozos o filetes de carne en porciones de tamaño reducido, mediante máquina o instrumentos cortantes adecuados?

a) Troceado.
b) Fileteado.

c) Picado.
d) Oreo.

18. ¿Qué partes no comestibles suelen retirarse de la carne?

a) Vasos sanguíneos.
b) Exceso de grasa.
c) Nervios y tendones.
d) Todas las respuestas son correctas.

19. ¿En qué parte de la vaca está el morrillo?

a) En la parte inferior de la pierna.
b) Entre el pecho y el cuello.
c) En la parte exterior de la paletilla.
d) Entre el lomo y el pescuezo.

20. ¿Cómo se cortan las patas de las aves?

a) A golpe de cuchillo.
b) Retorciendo manualmente.
c) Cortando alrededor de la rótula para luego tronchar.
d) Chamuscando.

21. ¿Qué operaciones se realizan en la zona de carnes de la sección de preparación?

a) Fileteado.
b) Picado.
c) Limpieza de aves.
d) Todas las respuestas son correctas.

22. ¿Cómo se lavará la carne?

a) Bajo el chorro de agua cuando está troceada.
b) Con agua potable.
c) Solo cuando la canal está entera.
d) No se lavará la carne.

23. ¿Qué es la aleta?

a) Carne que está sobre las costillas.
b) Parte inferior de la pierna.
c) Parte situada sobre el esternón y parte de las costillas.
d) El cuello del animal.

24. ¿Cómo se denomina la parte del vacuno situada por encima de las costillas, que está más cercana al cuarto delantero?

a) Lomo alto.
b) Lomo bajo.
c) Solomillo.
d) Contra.

25. ¿Cuál es la carne con grasa de la parte ventral del cerdo?

a) Codillo.
b) Jamón.
c) Aguja.
d) Panceta.

26. ¿Cuál de los siguientes se denomina escalope?

a) Filete fino de tamaño pequeño, que se sirve salteado o breseado si se obtiene de piezas duras como redondo o contra.
b) Fracción de unos 125 gramos, que se puede obtener de distintas piezas.
c) Filete no muy grueso que se empana y fríe.
d) Porción gruesa que se obtiene del morcillo.

27. ¿Qué es el pelado de un ave?

a) Quitar las plumas.
b) Quitar la piel.
c) Quitar las patas y cabeza.
d) Todas las respuestas son correctas.

28. ¿Qué pieza de la media canal no pertenece al cuarto delantero del ganado vacuno?

a) Aleta.
b) Morrillo.
c) Solomillo.
d) Morcillo.

29. ¿Qué pieza del cuarto delantero del vacuno es la parte situada sobre el esternón y parte de las costillas?

a) Aleta.
b) Morcillo.
c) Aguja.
d) Llana.

30. ¿A qué pieza del ganado vacuno se le llama contra?

a) Es aquella zona del cuarto delantero, parte central de la cara externa de la pierna.
b) Es aquella zona del cuarto trasero, parte central de la cara externa de la pierna.
c) Es aquella zona del cuarto trasero, parte delantera de la pierna, desde la rodilla a la cadera.
d) Es aquella zona del cuarto trasero, parte situada por encima de las costillas, que está más cercana al cuarto delantero.

31. El músculo alargado del ganado vacuno situado en la parte exterior de la paletilla se denomina:

a) Pez.
b) Aguja.
c) Panceta.
d) Tapilla.

32. ¿Qué sinónimo se emplea en el fileteado de nombre *villagodio*?

a) *T-bone steak*.
b) *Rumpsteak*.
c) Entrecot.
d) Chuletón.

33. Un ave gallinácea, con las crestas desarrolladas y de colores vivos será un animal:

a) Muy joven.
b) Joven.
c) Adulto.
d) Viejo.

34. Las aves sacrificadas y libres de pluma se denominan:

a) Desplumadas.
b) Difuntas.
c) Enteras.
d) Parciales.

35. Si quedan abundantes plumones o plumas en la piel del ave para su limpieza, lo mejor que se debe hacer es proceder a su eliminación, por medio:

a) De tirones individuales a dichos anejos directamente con la mano.
b) De tirones individuales a dichos anejo empleando pinzas u otro útil mecánico.
c) De flameado del exterior del ave, sin dar directamente en la misma.
d) No hacer nada.

36. ¿Qué procedimiento consiste en envolver el ave en tiras de tocino, para evitar que al cocinarlo el calor reseque la carne?

a) Cuarteado.
b) Albardado.
c) Bridado.
d) Despojado.

Solución al test n.º 10

1. b) Los derivados cárnicos son productos alimenticios preparados total o parcialmente con carnes o despojos sometidos a operaciones específicas.

2. b) Bacón.

3. c) Capón.

4. d) Todas son correctas.

5. c) Tocino.

6. d) Todos los anteriores.

7. a) Verraco.

8. b) Un ave.

9. b) Buey.

10. a) Lechón.

11. d) De España.

12. c) Las que no tienen golpes ni roturas.

13. d) Todas las respuestas son correctas.

14. b) De la porción adosada a la escápula.

15. a) A la presencia de un pigmento (mioglobina) que transporta oxígeno en la sangre, y que da la tonalidad oscura en las carnes rojas.

16. d) Todas las respuestas son correctas.

17. c) Picado.

18. d) Todas las respuestas son correctas.

19. b) Entre el pecho y el cuello.

20. c) Cortando alrededor de la rótula para luego tronchar.

21. d) Todas las respuestas son correctas.

22. b) Con agua potable.

23. c) Parte situada sobre el esternón y parte de las costillas.

24. a) Lomo alto.

25. d) Panceta.

26. c) Filete no muy grueso que se empana y fríe.

27. a) Quitar las plumas.

28. c) Solomillo.

29. a) Aleta.

30. b) Es aquella zona del cuarto trasero, parte central de la cara externa de la pierna.

31. a) Pez.

32. d) Chuletón.

33. c) Adulto.

34. c) Enteras.

35. c) De flameado del exterior del ave, sin dar directamente en la misma.

36. b) Albardado.

TEST N.º 11

Postres; frutas, quesos y yogures, helados, postres de cocina; elaboraciones básicas de panadería y pastelería. Presentación, preparación. Las bebidas: aguas, vinos y licores

1. De los siguientes productos, ¿cuáles no son derivados de la leche?

a) Nata y mantequilla.
b) Queso y requesón.
c) Sueros lácteos.
d) Cafeína.

2. ¿Qué tratamiento recibirá la leche destinada para el consumo de colectividades?

a) Ninguno, porque la leche cruda es muy nutritiva.
b) Debe recibir algún tratamiento térmico.
c) Será siempre leche especial sin tratar.
d) Todas las respuestas son correctas.

3. ¿Cómo se denomina la leche modificada por acción microbiana?

a) Leche enriquecida.
b) Leche desnatada.
c) Leche fermentada.
d) Leche adicionada de aromas.

4. Señala cuál de las siguientes afirmaciones es correcta:

a) La leche esterilizada es leche natural, sometida a un proceso tecnológico tal, que asegure la destrucción de los microorganismos y la inactividad de sus formas de resistencia.
b) La leche evaporada es leche esterilizada a la que se le añade agua.
c) Leche condensada es la leche higienizada y concentrada por eliminación de agua, sin añadirle azúcares.
d) Leche en polvo es aquella que se congela y posteriormente se tritura.

5. Según su composición podemos decir que hay natas de los siguientes tipos:

a) Batidas o montadas.
b) De vaca, oveja o cabra.
c) Doble nata, delgada o ligera.
d) Todas son correctas.

6. ¿Qué es la caseína?

a) Líquido formado por parte de los componentes de la leche.
b) Es el principal componente proteico de la leche.
c) Producto obtenido precipitando las proteínas en medio ácido, por el calor.
d) Ninguna es correcta.

7. ¿A qué tipo de tratamiento habrá sido sometida una leche concentrada?

a) Eliminación de agua.
b) Eliminación de grasa.
c) Adición de nutrientes.
d) Adición de estimulantes.

8. ¿Qué características tiene la fruta confitada?

a) La acidez total excederá el 14 %.
b) La acidez total no excederá el 14 %.
c) No podrá contener sal.
d) Es el producto obtenido por la cocción reiterada de los frutos en jarabes.

9. La denominación genérica de leche se aplica a:

a) La leche de oveja.
b) La leche de vaca.
c) La leche de cabra.
d) La leche de burra.

10. La doble nata contiene:

a) Un 18 % en peso de grasa.
b) Un 50 % en peso de grasa.
c) Un 30 % en peso de grasa.
d) Un mínimo de un 70 % en peso de grasa.

11. ¿De dónde se obtiene el azúcar?

a) De la remolacha.
b) De la caña.

c) De la fruta.
d) Las respuestas a) y b) son correctas.

12. Una de las siguientes se emplea como base en la preparación de helados:

a) Crema de trufa.
b) Crema inglesa.
c) Crema pastelera.
d) Crema de mantequilla.

13. Para elaborar unas natillas corrientes, a la fórmula de las natillas finas, por cada litro de leche, se añaden:

a) 100 g de fécula.
b) 75 g de harina.
c) 25 de fécula.
d) 25 g de harina.

14. El flan de huevo se cocina a baño maría en el horno a:

a) 120 ºC.
b) 160 ºC.
c) 180 ºC.
d) 220 ºC.

15. Permite aprovechar los restos de bollería:

a) Pudin diplomático.
b) Pestiños.
c) Torrijas.
d) Buñuelos.

16. Indicar cuál de las siguientes afirmaciones es correcta:

a) Las natillas finas no deben hervir.
b) Los pestiños se cocinan a 160 o 170 ºC.
c) La bavaroise de crema deriva de una crema bávara.
d) Todas son correctas.

17. ¿Con qué se espolvorea el arroz con leche?

a) Con canela molida.
b) Con azúcar glass.
c) Caramelo.
d) Con azúcar morena.

18. ¿Con qué se aromatizan los pestiños?

a) Con limón.
b) Con vainilla.
c) Con ron.
d) Todas las respuestas son correctas.

19. ¿Qué diferencia hay entre la bavaroise de crema y la de fruta?

a) La primera es salada y la segunda dulce.
b) La primera lleva nata y la segunda no.
c) La primera lleva crema inglesa y la segunda puré de fruta.
d) Son iguales.

20. ¿Qué ingrediente no lleva la bavaroise?

a) Yema.
b) Gelatina.
c) Levadura.
d) Nata.

21. ¿Cómo se define el agua de consumo?

a) Aguas utilizadas en la empresa alimentaria para fines de fabricación, tratamiento, conservación o comercialización de productos o sustancias destinadas al consumo, así como las utilizadas en la limpieza de las superficies, objetos y materiales que puedan estar en contacto con los alimentos.

b) Aguas utilizadas durante el proceso de fabricación de los alimentos, con fines de refrigeración, o producción de vapor o agua caliente, en circuito cerrado, y que no entran en contacto con los alimentos.

c) Aguas utilizadas durante la fabricación de alimentos, para tareas de limpieza, distintas de las utilizadas en la limpieza de las superficies, objetos y materiales que puedan estar en contacto con los alimentos, y que no supongan una fuente de contaminación para los alimentos.

d) Todas las respuestas son correctas.

22. ¿Qué es cierto sobre el agua mineral natural?

a) Su origen es subterráneo.
b) Son aguas microbiológicamente sanas.
c) Se distingue de otras aguas de bebida ordinarias por su naturaleza, constancia química y pureza original.
d) Todas las respuestas son correctas.

23. ¿Cón qué uvas se elabora el vino blanco?

a) Solo blancas.
b) Solo tintas.

c) Blancas y tintas.
d) Solo uvas de la variedad Albariño o Verdejo.

24. ¿Qué requiere un vino tinto reserva?

a) Envejecimiento de al menos 24 meses.
b) Envejecimiento de al menos 36 meses en barrica.
c) Envejecimiento de hasta 36 meses, con al menos 12 meses en barrica.
d) Envejecimiento de 12 meses en botella.

25. ¿Cuántos sabores básicos se definen en la cata del vino?

a) 3.
b) 4.
c) 5.
d) 10.

26. ¿Cuál es la materia prima de la cerveza?

a) Uva.
b) Manzana.
c) Caña de azúcar.
d) Malta de cebada.

27. ¿Qué es la cerveza LAGER?

a) Cerveza de baja fermentación.
b) Cerveza de alta fermentación.
c) Cerveza de fermentación espontánea.
d) Cerveza sin filtrar.

28. ¿Cómo se obtiene la sidra?

a) Por fermentación del mosto de la uva.
b) Por fermentación del mosto de manzana.
c) Por acidificación del vino.
d) Por exprimido y filtración de la manzana.

29. ¿Cómo se obtiene el Ron?

a) Por fermentación de la sidra.
b) Por fermentación de cebada.
c) Por fermentación de endrinas.
d) Por fermentación del azúcar de caña.

30. ¿Cómo se denomina la bebida espirituosa obtenida por destilación de alcohol etílico de origen agrícola, aromatizada con bayas de enebro?

a) Vodka.
b) Orujo.
c) Brandy.
d) Gin.

Solución al test n.º 11

1. d) Cafeína.

2. b) Debe recibir algún tratamiento térmico.

3. c) Leche fermentada.

4. a) La leche esterilizada es leche natural, sometida a un proceso tecnológico tal, que asegure la destrucción de los microorganismos y la inactividad de sus formas de resistencia.

5. c) Doble nata, delgada o ligera.

6. b) Es el principal componente proteico de la leche.

7. a) Eliminación de agua.

8. d) Es el producto obtenido por la cocción reiterada de los frutos en jarabes.

9. b) La leche de vaca.

10. b) Un 50 % en peso de grasa.

11. d) Las respuestas a) y b) son correctas.

12. b) Crema inglesa.

13. c) 25 de fécula.

14. c) 180 ºC.

15. a) Pudin diplomático.

16. d) Todas son correctas.

17. a) Con canela molida.

18. d) Todas las respuestas son correctas.

19. c) La primera lleva crema inglesa y la segunda puré de fruta.

20. c) Levadura.

21. a) Aguas utilizadas en la empresa alimentaria para fines de fabricación, tratamiento, conservación o comercialización de productos o sustancias destinadas al consumo, así como las utilizadas en la limpieza de las superficies, objetos y materiales que puedan estar en contacto con los alimentos.

22. d) Todas las respuestas son correctas.

23. c) Blancas y tintas.

24. c) Envejecimiento de hasta 36 meses, con al menos 12 meses en barrica.

25. c) 5.

26. d) Malta de cebada.

27. a) Cerveza de baja fermentación.

28. b) Por fermentación del mosto de manzana.

29. d) Por fermentación del azúcar de caña.

30. d) Gin.

TEST N.º 12

Ley 1/2024 de 11 de enero, de la calidad alimentaria de Galicia: el sistema de análisis de peligros y puntos críticos de control (APPCC)

1. ¿En qué principios se basa el sistema de Análisis de Peligros y Puntos de Control Crítico (APPCC)?

a) Análisis y localización de los riesgos.
b) Determinación de los puntos críticos.
c) Definición, aplicación y verificación de procedimientos eficaces de control y seguimiento.
d) Todas las opciones son correctas.

2. La formación de los manipuladores de alimentos la podrá impartir:

a) La propia empresa alimentaria.
b) Otras entidades que ofrezcan este servicio.
c) Centros de formación profesional o educación reconocidos por los organismos oficiales dentro de su formación reglada.
d) Todas son correctas.

3. ¿Qué es la desinsectación?

a) Destrucción de microorganismos, procedimientos o agentes físicos o químicos, de forma que se reduzca el número de microorganismos.
b) Destrucción de insectos, mediante procedimientos exclusivamente por agentes físicos.
c) Destrucción de insectos, mediante procedimientos o agentes físicos o químicos.
d) Destrucción de insectos, mediante procedimientos exclusivamente con agentesquímicos.

4. En los concursos de suministros que realice el centro hospitalario, para poder ser seleccionado un proveedor, ¿qué requisito deberá cumplir?

a) Poseerá el nº de Registro General Sanitario de Alimentos en vigor.
b) Deberá tener implantado y aplicado un sistema APPCC.
c) Permitirá auditorías a sus instalaciones por personal designado por el centro hospitalario.
d) Todas las respuestas anteriores son correctas.

5. ¿Quién tiene la responsabilidad de poner en el mercado alimentos seguros en una empresa alimentaria?

a) La Administración.
b) La Empresa Alimentaria.
c) El trabajador.
d) La Empresa Alimentaria y el trabajador.

6. En las instalaciones donde se manipulan alimentos, está:

a) Prohibido fumar, comer, mascar chicle, escupir o cualquier cosa no higiénica que pueda contaminar los alimentos.
b) Prohibido fumar, pero sí se puede comer.
c) No se puede mascar chicles, pero se puede comer.
d) Está prohibido mascar chicle, pero se puede fumar.

7. El sistema de APPCC tiene como objetivo:

a) Establecer un plan de emergencia para el caso de incendio.
b) Identificar, valorar y controlar los peligros sanitarios e higiénicos asociados al conjunto y a cada una de las fases de la cadena alimentaria.
c) Analizar las pautas de comportamiento de los trabajadores.
d) Ninguna de las anteriores respuestas es la correcta.

8. El sistema de APPCC está basado en:

a) Dos principios.
b) Tres principios.
c) Seis principios.
d) Siete principios.

9. La verificación del sistema de APPCC debe realizarse:

a) Periódicamente, con el fin de asegurar que los puntos de control crítico están bajo control.
b) Cuando existan dudas de la seguridad del producto.
c) Cuando se hagan modificaciones en el Plan APPCC.
d) Todas las respuestas son correctas.

10. Es, entre otras, función del coordinador del equipo de implantación del sistema de APPCC:

a) La organización de las reuniones.
b) La elaboración de menús.
c) El registro de las decisiones del equipo.
d) Las opciones a) y c) son correctas.

11. El establecimiento de un sistema de registro o documentación de los planes relativos a los sistemas de APPCC, permite:

a) Mostrar las incidencias ocurridas, la toma de decisiones y comprobar si el sistema está funcionado con eficacia.
b) Comprobar la salubridad de los alimentos.
c) Determinar quién realiza la vigilancia del sistema.
d) No es uno de los principios en los que se basa el sistema de APPCC.

12. ¿Qué se entiende por "trazabilidad"?

a) La posibilidad de encontrar y seguir el rastro, a través de todas las etapas de la producción, transformación y distribución de un alimento.
b) La información contenida en la etiqueta de un producto alimenticio.
c) Las fases de la producción de un alimento hasta que está listo para su venta y consumo.
d) La posibilidad de encontrar el rastro de un alimento a partir del momento en que se comercializa.

13. Cuando se describe la vida del producto y los procedimientos utilizados, ¿de qué tipo de trazabilidad hablamos?

a) Trazabilidad hacia atrás.
b) Trazabilidad de proceso.
c) Trazabilidad hacia delante.
d) Todas las respuestas son correctas.

14. ¿Quién será responsable del Plan General de Higiene?

a) Una persona o cargo específico de la empresa.
b) Una persona externa a la empresa.
c) Siempre el Jefe de cocina.
d) No hay un responsable del plan.

15. El manipulador de alimentos deberá lavarse las manos frecuente y cuidadosamente con jabón líquido, agua caliente y cepillado de uñas, aclarándolas y secándolas con toallas de un solo uso. Se lavará siempre:

a) Al comenzar la jornada.
b) Antes y después de usar los servicios higiénicos.
c) Después de tocarse el pelo, la nariz o la boca.
d) Todas las respuestas anteriores son correctas.

16. ¿Cuál es el objetivo principal del Plan de limpieza y desinfección (L+D) de una empresa alimentaria?

a) Asegurar que el estado de limpieza y desinfección de locales, equipos y útiles de la empresa alimentaria, previenen cualquier posibilidad de contaminación.
b) Garantizar que el agua que se utiliza en la empresa alimentaria no afecta a la salubridad y seguridad de los productos alimenticios.

c) Evitar la existencia de cualquier plaga.
d) Todas son correctas.

17. ¿Cómo se hará la descripción del producto en el sistema APPCC?

a) A través de diagramas de flujo.
b) Con fichas normalizadas que contengan todos los datos e información requerida.
c) Mediante tablas de datos.
d) No es necesaria la descripción del producto.

18. ¿Qué datos se incluirán en el análisis de peligros?

a) La probabilidad de que surjan peligros y la gravedad de sus efectos perjudiciales para la salud.
b) La evaluación cualitativa y/o cuantitativa de la presencia de peligros.
c) La supervivencia o proliferación de los microorganismos involucrados.
d) Todos los anteriores.

19. ¿Cuándo se establecen medidas correctoras en el sistema APPCC?

a) Cuando los resultados obtenidos del sistema de vigilancia pueda establecer puntos de control crítico.
b) Cuando en los resultados obtenidos del sistema de vigilancia se detecten desviaciones.
c) Siempre después del proceso de verificación.
d) Al seleccionar los proveedores.

20. ¿Cuál es la Ley de seguridad alimentaria y nutrición?

a) Ley 18/2008.
b) Ley 17/2011.
c) Ley 16/2012.
d) Ley 3/2000.

21. ¿A quién se aplica la Guía de Buenas Prácticas de Manipulación?

a) A la Administración.
b) A todos los profesionales implicados.
c) Al personal sanitario.
d) Al consumidor.

22. ¿Durante cuánto tiempo como mínimo deben archivarse los Planes Generales de Higiene (PGH)?

a) Anualmente.
b) Por un periodo de dos años.
c) Cada cocina establece su tiempo.
d) No hace falta archivarlos, es un documento vivo.

23. ¿Qué medidas garantizarán el abastecimiento de agua potable en cocina?

a) Pozos.
b) Descalcificadores en todas las entradas de agua.
c) Instalaciones disponibles y dispositivos que eviten la contaminación de agua.
d) Todas las respuestas son ciertas.

24. ¿Para qué se identifican los lotes?

a) Para que la etiqueta se reconozca.
b) Para tener una referencia para los pedidos.
c) Para asociar cada lote a los controles y registros.
d) Para conocer los datos del proveedor.

25. Entre los PGH mínimos que deben estar implantados en un Servicio de alimentación, se encuentran:

a) Plan de limpieza y desinfección.
b) Plan de eliminación de residuos y aguas residuales.
c) Plan de control de proveedores.
d) Todas las respuestas previas son correctas.

26. ¿Cuál de los siguientes es un objetivo de la Ley 1/2024 de 11 de enero, de la calidad alimentaria de Galicia?

a) Fomentar la calidad en la producción de los alimentos de España.
b) Determinar, en materia de calidad estándar y diferenciada de los productos alimenticios, las obligaciones de las personas que operan en Galicia.
c) Mejorar la eficiencia del sistema de control oficial en todo el estado.
d) Todas las respuestas son correctas.

27. ¿En qué caso es de aplicación la Ley 1/2024 de 11 de enero, de la calidad alimentaria de Galicia?

a) Actuaciones que se realicen en el territorio de la Comunidad Autónoma de Galicia en materia de calidad y conformidad de los procesos de producción de alimentos.
b) Envasado de productos alimenticios que se realicen en el territorio de la Comunidad Autónoma de Galicia, y Comunidades Autónomas limítrofes.
c) Comercialización de productos Gallegos en la Unión Europea.
d) La salud, la seguridad física de personas y animales de la Comunidad Gallega.

28. Uno de los fines de la Ley de calidad alimentaria de Galicia es:

a) Fomentar la diversidad y calidad de los productos alimenticios gallegos.
b) Garantizar y proteger la calidad de los productos alimenticios producidos, elaborados o comercializados en España.

c) Autorizar las figuras de protección de la calidad diferenciada en el ámbito de la Comunidad Autónoma de Galicia,

d) Ninguna respuesta es correcta.

29. ¿Cuál es el órgano colegiado de asesoramiento, apoyo y propuesta para los asuntos referidos a la ordenación, promoción, fomento y desarrollo de la calidad alimentaria de Galicia?

a) Agencia Gallega de la Calidad Alimentaria.

b) Consejo Alimentario de Galicia.

c) Mesa de la Calidad Alimentaria Diferenciada de Galicia.

d) Ministerio de Agricultura.

30. Según la Ley de calidad alimentaria de Galicia, ¿quién es responsable de garantizar que los productos alimentarios cumplan con la normativa que les sea aplicable?

a) La Xunta de Galicia.

b) Los operadores alimentarios.

c) Los Auxiliares de cocina.

d) El Gobierno de España.

31. Según la Ley de Calidad Alimentaria de Galicia, ¿qué operaciones de la cadena alimentaria debe abarcar el sistema de autocontrol?

a) Todas.

b) Todas aquellas en que participe la persona operadora alimentaria.

c) Todas las que se realicen en Galicia.

d) Todas las que afecten a un alimento en el que participe la persona operadora alimentaria, incluso en fases anteriores y posteriores.

32. ¿Qué se hará con un producto no conforme que se esté comercializando?

a) Será retirado del circuito de distribución o comercialización.

b) El consumidor deberá deshacerse de él como considere.

c) Solo se retirarán los productos que todavía no están a la venta.

d) No se puede saber si un producto está conforme o no una vez que se ha puesto a la venta.

33. ¿Qué responsabilidad tienen las personas operadoras alimentarias sobre la trazabilidad de los productos, según la Ley de Calidad Alimentaria de Galicia?

a) Ninguna.

b) Deberán asegurar, al menos al final de la cadena alimentaria, la trazabilidad de los alimentos y de las materias y elementos para la producción y comercialización alimentarias.

c) Deberán asegurar, en todas las fases de la cadena alimentaria, la trazabilidad de los alimentos y de las materias y elementos para la producción y comercialización alimentarias.

d) Deberán pedir a la Administración que asegure la trazabilidad de los productos.

34. ¿Cuál de los siguientes se considera un producto alimentario no conforme, según la Ley de Calidad Alimentaria de Galicia?

a) Los que no cumplan con lo establecido en la Ley de Calidad Alimentaria.
b) Todo el lote o partida que pertenezca a un producto no conforme.
c) Los que no cumplan las normas específicas que le sean aplicable respecto de la calidad.
d) Todas las respuestas son correctas.

35. ¿Qué afirmación es correcta, respecto de la Ley de Calidad Alimentaria de Galicia?

a) Las personas operadoras alimentarias deberán implantar sistemas efectivos que permitan identificar y localizar a las personas suministradoras y receptoras de cualquier lote o partida de un producto alimenticio o materias y elementos para la producción y comercialización alimentarias.

b) Queda prohibido el depósito o almacenamiento de productos no identificados, en cualquier instalación o medio de transporte.

c) Cuando no conste claramente el destino de los productos alimenticios acondicionados en depósito o almacenamiento se presumirá que son para su comercialización, salvo que pueda demostrarse un destino o finalidad distintos.

d) Todas las respuestas son correctas.

Solución al test n.º 12

1. d) Todas las opciones son correctas.

2. d) Todas son correctas.

3. c) Destrucción de insectos, mediante procedimientos o agentes físicos o químicos.

4. d) Todas las respuestas anteriores son correctas.

5. b) La Empresa Alimentaria.

6. a) Prohibido fumar, comer, mascar chicle, escupir o cualquier cosa no higiénica que pueda contaminar los alimentos.

7. b) Identificar, valorar y controlar los peligros sanitarios e higiénicos asociados al conjunto y a cada una de las fases de la cadena alimentaria.

8. d) Siete principios.

9. d) Todas las respuestas son correctas.

10. d) Las opciones a) y c) son correctas.

11. a) Mostrar las incidencias ocurridas, la toma de decisiones y comprobar si el sistema está funcionado con eficacia.

12. a) La posibilidad de encontrar y seguir el rastro, a través de todas las etapas de la producción, transformación y distribución de un alimento.

13. b) Trazabilidad de proceso.

14. a) Una persona o cargo específico de la empresa.

15. d) Todas las respuestas anteriores son correctas.

16. a) Asegurar que el estado de limpieza y desinfección de locales, equipos y útiles de la empresa alimentaria, previenen cualquier posibilidad de contaminación.

17. b) Con fichas normalizadas que contengan todos los datos e información requerida.

18. d) Todos los anteriores.

19. b) Cuando en los resultados obtenidos del sistema de vigilancia se detecten desviaciones.

20. b) Ley 17/2011.

21. b) A todos los profesionales implicados.

22. b) Por un periodo de dos años.

23. c) Instalaciones disponibles y dispositivos que eviten la contaminación de agua .

24. c) Para asociar cada lote a los controles y registros.

25. d) Todas las respuestas previas son correctas.

26. b) Determinar, en materia de calidad estándar y diferenciada de los productos alimenticios, las obligaciones de las personas que operan en Galicia.

27. a) Actuaciones que se realicen en el territorio de la Comunidad Autónoma de Galicia en materia de calidad y conformidad de los procesos de producción de alimentos.

28. a) Fomentar la diversidad y calidad de los productos alimenticios gallegos.

29. b) Consejo Alimentario de Galicia.

30. b) Los operadores alimentarios.

31. b) Todas aquellas en que participe la persona operadora alimentaria.

32. a) Será retirado del circuito de distribución o comercialización.

33. c) Deberán asegurar, en todas las fases de la cadena alimentaria, la trazabilidad de los alimentos y de las materias y elementos para la producción y comercialización alimentarias.

34. d) Todas las respuestas son correctas.

35. d) Todas las respuestas son correctas.

TEST N.º 13

Normativa sobre alérgenos, disponibilidad, colocación y presentación de la información alimentaria: el Real decreto 126/2015, de 27 de febrero, y los reglamentos (UE) nº 2021/382 y nº 1169/2011

1. ¿Qué es una hipersensibilidad a los alimentos?

a) La reacción adversa por sustancias no tóxicas que depende de la susceptibilidad de cada persona a un alimento.
b) Una reacción adversa generalizada por el consumo de alimentos.
c) Respuesta al consumo de venenos.
d) Ninguna respuesta es correcta.

2. ¿Cuál no es una reacción adversa a los alimentos no tóxica?

a) Alergia.
b) Intolerancia.
c) Toxiinfección.
d) Todas las respuestas son correctas.

3. ¿Cómo se denominan las proteínas que provocan una respuesta inmunitaria que se da en al menos un 50 % de los pacientes sensibles?

a) Alérgenos mayores.
b) Alérgenos menores.
c) Alergias.
d) Antígenos.

4. ¿En qué caso se origina una alergia alimentaria?

a) Cuando el alérgeno presente en el alimento desencadena una reacción inmunitaria en el organismo.
b) Cuando el alérgeno presente en el alimento desencadena una reacción no inmunitaria en el organismo.

c) Cuando el alérgeno alimentario no provoca ninguna reacción.

d) Ninguna respuesta es correcta.

5. ¿Qué es la reactividad cruzada?

a) Implica la aparición de síntomas sin que haya existido contacto previo con el alérgeno específico.

b) ocurre cuando una persona toma un alimento que contiene alérgenos de gran similitud a otro al que ha estado expuesto.

c) Ocurre al ingerir otro alimento diferente pero con un alérgeno similar.

d) Todas las respuestas son correctas.

6. ¿Qué proteínas son alérgenos de la leche?

a) Lactoalbúmina.

b) Seroalbúmina.

c) Caseína.

d) Todas las respuestas son correctas.

7. ¿Qué parte del huevo es más alérgeno?

a) Clara.

b) Yema.

c) Cáscara.

d) Todas las partes por igual.

8. ¿Qué alérgeno no está presente en el pescado?

a) Anisakis.

b) Proteína del pescado.

c) Proteína ovomucoide.

d) Proteína del músculo del pescado.

9. ¿Cuál de estas especies puede estar infestada por anisakis?

a) Pescadilla.

b) Bacalao.

c) Pulpo.

d) Cualquiera de las anteriores.

10. ¿Diga qué es falso sobre el marisco?

a) Son frecuentes las reacciones alérgicas a los mariscos.

b) Los alérgenos son diversas proteínas específicas de cada marisco.

c) Los alérgenos del marisco se transfieren al agua de cocción.

d) No se da reactividad cruzada.

11. Indica la respuesta correcta sobre la soja:

a) La respuesta alérgica no se produce por vía inhalatoria.
b) Se han descrito reacciones cruzadas con los cacahuetes.
c) Algunos de los alimentos en los que puede estar presente son la comida asiática y la harina de trigo.
d) Se han descrito reacciones cruzadas con las verduras.

12. ¿Qué enfermedad es el "asma del panadero"?

a) Alergia alimentaria al pescado.
b) Reacción adversa al gluten.
c) Alergia alimentaria por cereales.
d) Enfermedad autoinmune.

13. ¿Cuáles son síntomas frecuentes de la alergia?

a) Urticaria.
b) Nauseas.
c) Tos irritativa.
d) Todas las respuestas son correctas.

14. ¿Qué mecanismos pueden producir una intolerancia alimentaria?

a) Enzimáticos.
b) Farmacológicos.
c) Sustancias presentes en el alimento que resultan perjudiciales.
d) Todos los anteriores.

15. ¿Qué es la enfermedad celíaca?

a) Intolerancia al gluten.
b) Intolerancia a las proteínas en general.
c) Enfermedad autoinmune.
d) Ninguna respuesta es correcta.

16. ¿Cuántos alérgenos especifica la Unión Europea?

a) 12.
b) 13.
c) 14.
d) 15.

17. ¿Qué es un factor de peligro físico de un alimento?

a) Un agente extraño que se encuentran de manera accidental en un alimento.
b) Se trata de objetos, que no deberían formar parte del producto alimenticio.

c) Es cualquier material, que no debe estar presente en el alimento.

d) Todas son correctas.

18. ¿Cuál de los siguientes no es un factor de peligro en un alimento?

a) Insectos.

b) Pelo.

c) Huesos.

d) Azúcar.

19. ¿Cuál puede ser una consecuencia de encontrar un objeto en la comida?

a) Rotura de piezas dentales.

b) Cortes o pinchazos en la boca.

c) Problemas digestivos.

d) Todas son correctas.

20. Los contaminantes químicos más habituales en los alimentos son:

a) Micotoxinas.

b) Azucares elevados.

c) Grasas de mala calidad.

d) Objetos extraños.

21. Las Aflatoxinas (*Aspergillus flavus y Aspergillus parasiticus*):

a) Son micotoxinas producidas por hongos del género *Aspergillus*.

b) Son un grupo de toxinas producidas por hongos del género Fusarium.

c) Se encuentra con frecuencia en derivados de la manzana, como los zumos y la sidra.

d) Es una micotoxina producida por varias especies de hongos en el arroz, y que tiene efectos nefrotóxicos.

22. Las micotoxinas presentes en los alimentos pueden afectar la salud de las personas produciendo:

a) Cáncer y mutaciones.

b) Problemas gastrointestinales.

c) Problemas renales.

d) Todas son correctas.

23. ¿Cuáles son las principales toxinas de origen natural?

a) Los alcaloides.

b) Metales pesados.

c) Nitratos.

d) Acrilamidas.

24. El etilcarbamato:

a) Es un compuesto que se forma en los alimentos al ser tratados con calor.
b) Llega a los alimentos desde los materiales que entran en contacto con el mismo, o como resultado del uso de productos químicos fitosanitarios o veterinarios.
c) Se produce de manera natural en alimentos y bebidas fermentadas, especialmente las alcohólicas.
d) Es una sustancia química que se aplica en los cultivos para protegerlos de las plagas.

25. ¿Con que finalidad se añaden materiales activos e inteligentes a los alimentos?

a) Aromatizar y mejorar el aspecto del alimento.
b) Prolongar su vida útil, mantenerlo o mejorar el estado de los alimentos envasados.
c) Para garantizar la protección de la salud del consumidor.
d) Todas son correctas.

26. Los aromas alimentarios:

a) Se utilizan para modificar el aroma y textura del alimento.
b) Se utilizan para modificar el olor y el sabor del alimento.
c) Se utilizan para modificar el olor y el color del alimento.
d) Se utilizan para modificar el olor y la textura del alimento.

27. Las enzimas alimentarias:

a) Son proteínas con función catalizadora.
b) Son proteínas con función anabólica.
c) Son hidratos de carbono de cadena larga.
d) Son lípidos con función regeneradora.

28. Según el Reglamento (UE) 2117/2158 de la Comisión, de 20 de noviembre de 2017 por el que se establecen medidas de mitigación y niveles de referencia para reducir la presencia de acrilamida en los alimentos; de los siguientes alimentos opte por aquel o aquellos que están afectados por las medidas de mitigación en restauración para reducir la presencia de acrilamida:

a) El pan.
b) Las carnes a la brasa.
c) Los pescados al horno.
d) El pescado ahumado.

29. ¿Qué aspecto incluye el Reglamento (UE) 2021/328 en el anexo I del Reglamento (CE) 582/2004?

a) La prohibición de utilizar el mismo transporte para alérgenos que para alimentos que deben estar exentos.
b) La autorización para almacenar juntos alérgenos con alimentos que deben estar exentos.

c) La necesidad de utilizar agua potable en cocina para evitar la contaminación de los alimentos.

d) Todas las respuestas son correctas.

30. ¿Qué es correcto sobre el Reglamento (UE) 2021/328?

a) Introduce el concepto de la protección medioambiental en la empresa alimentaria.

b) Introduce el concepto de la cultura de seguridad alimentaria en la empresa alimentaria.

c) Introduce el concepto del alérgeno.

d) Introduce el concepto de la higiene alimentaria.

Solución al test n.º 13

1. a) La reacción adversa por sustancias no tóxicas que depende de la susceptibilidad de cada persona a un alimento.

2. c) Toxiinfección.

3. a) Alérgenos mayores.

4. a) Cuando el alérgeno presente en el alimento desencadena una reacción inmunitaria en el organismo.

5. d) Todas las respuestas son correctas.

6. d) Todas las respuestas son correctas.

7. a) Clara.

8. c) Proteína ovomucoide.

9. d) Cualquiera de las anteriores.

10. d) No se da reactividad cruzada.

11. b) Se han descrito reacciones cruzadas con los cacahuetes.

12. c) Alergia alimentaria por cereales.

13. d) Todas las respuestas son correctas.

14. d) Todos los anteriores.

15. a) Intolerancia al gluten.

16. c) 14.

17. d) Todas son correctas.

18. d) Azúcar.

19. d) Todas son correctas.

20. a) Micotoxinas.

21. a) Son micotoxinas producidas por hongos del género Aspergillus.

22. d) Todas son correctas.

23. a) Los alcaloides.

24. c) Se produce de manera natural en alimentos y bebidas fermentadas, especialmente las alcohólicas.

25. b) Prolongar su vida útil, mantenerlo o mejorar el estado de los alimentos envasados.

26. b) Se utilizan para modificar el olor y el sabor del alimento.

27. a) Son proteínas con función catalizadora.

28. a) El pan.

29. a) La prohibición de utilizar el mismo transporte para alérgenos que para alimentos que deben estar exentos.

30. b) Introduce el concepto de la cultura de seguridad alimentaria en la empresa alimentaria.

TEST N.º 14

Normativas de temperaturas y toma de muestras; el Real decreto 1086/2020, de 9 de diciembre (comidas preparadas y refrigeradas), y el Real decreto 1021/2022, de 13 de diciembre (higiene de la producción y comercialización de productos alimentarios)

1. ¿Qué se entiende por productos primarios?

a) Los productos de producción primaria, incluidos los de la tierra, ganadería, caza y pesca.
b) Los productos de producción agrícola exclusivamente.
c) Todos los productos de elaboración básica.
d) Los productos precocinados.

2. Para garantizar la protección de los productos primarios contra focos de contaminación, ¿qué medida/s higiénica/s tendrá en cuenta la empresa alimentaria?

a) Mantendrán limpias las instalaciones, equipos, contenedores y vehículos.
b) Evitarán la contaminación por plagas u otros animales, residuos y sustancias peligrosas.
c) Vigilarán el buen estado de salud de los manipuladores, y se asegurarán de que reciben la formación necesaria sobre riesgos sanitarios.
d) Todas las respuestas son correctas.

3. ¿Qué requisitos exige el Reglamento 852/2004 del Parlamento Europeo, para los locales destinados a los productos alimenticios?

a) Habrá ventilación artificial para evitar tener que hacer control de temperatura.
b) Se evitarán las corrientes de aire desde zonas contaminadas a zonas limpias.
c) Dispondrán siempre de buena iluminación natural.
d) Todas las respuestas son correctas.

4. ¿Qué características tendrán las superficies donde se manipulen alimentos?

a) Serán de materiales porosos con fácil absorción.
b) Las superficies serán rugosas para evitar el deslizamiento de los materiales durante la manipulación.

c) Serán de materiales lisos, lavables, resistentes a la corrosión y no tóxicos.

d) No hay requisitos sobre las características de los materiales que entren en contacto con los alimentos, tan solo se deberán mantener limpios.

5. Los contenedores utilizados para transporte de productos alimenticios, ¿podrán transportar algo que no sean productos alimenticios?

a) No, nunca.

b) Sí, siempre que exista una separación efectiva de los productos para evitar contaminación.

c) Sí. No tienen por qué ser exclusivos para productos alimenticios.

d) Cada producto debe ir obligatoriamente en un contenedor, aunque podrá ser transportado en el mismo vehículo.

6. El Reglamento 852/2004 establece las disposiciones aplicables a los productos alimenticios. Indique cuál de las siguientes es falsa:

a) Las materias primas e ingredientes se almacenarán en condiciones adecuadas, que permitan evitar su deterioro y protegerlos de la contaminación.

b) Las materias primas o productos no deberán conservarse a temperaturas que puedan dar lugar a riesgos para la salud.

c) Cuando un operador de empresa alimentaria prevea razonablemente que una materia prima pueda estar contaminada, la someterá a cocción prolongada para eliminar los microorganismos.

d) La descongelación se hará de modo que se reduzca al mínimo el riesgo de multiplicación de microorganismos patógenos o la formación de toxinas.

7. ¿Qué objetivos tiene la formación de los manipuladores de alimentos?

a) Actualizar los cambios normativos y tecnológicos.

b) Mejorar los hábitos de los manipuladores y promover las prácticas correctas.

c) Responder a las exigencias de la normativa vigente.

d) Todas las respuestas son correctas.

8. Según el Reglamento (CE) 852/2004 del Parlamento Europeo y del Consejo, de 29 de abril, los operadores de empresa alimentaria deberán garantizar:

a) La supervisión, instrucción y formación de los manipuladores de alimentos en cuestiones de higiene alimentaria.

b) La vigencia de la normativa en materia de higiene alimentaria.

c) La formación de los inspectores de la autoridad competente en materia de higiene alimentaria.

d) Todas las respuestas son falsas.

9. ¿Qué obligación tiene la empresa alimentaria con la autoridad competente?

a) Deberá cooperar y notificar todos los establecimientos que estén bajo su control con el fin de proceder a su registro.

b) Enviará informe diario pormenorizado sobre la actividad de la empresa.

c) Registrará la contabilidad mensual.
d) La normativa vigente no establece obligaciones con la autoridad competente.

10. ¿Qué norma establece las infracciones en materia de seguridad alimentaria y las sanciones correspondientes?

a) El Reglamento 852/2004 del Parlamento Europeo y del Consejo, de 29 de abril, relativo a la higiene de los productos alimenticios.
b) La Ley 17/2009, de 23 de noviembre.
c) El Real Decreto 202/2000, de 11 de febrero, por el que se establecen las normas relativas a los manipuladores de alimentos.
d) La Ley 17/2011, de 5 de julio, de seguridad alimentaria y nutrición.

11. ¿Cuál es la normativa vigente en materia de formación de manipuladores de alimentos?

a) Real Decreto 202/2000, de 11 de febrero.
b) Reglamento (CE) n.º 852/2004 del Parlamento Europeo y del Consejo, de 29 de abril.
c) Real Decreto 109/2010, de 5 de febrero.
d) Ley 17/2009, de 23 de noviembre.

12. ¿Qué puede hacer una empresa alimentaria para cerciorarse de que se cumplen las normas de higiene establecidas en el Reglamento 852/2004?

a) Tener definido su sistema APPCC para garantizar la aplicación de prácticas de higiene correctas.
b) Elaboración de guías de prácticas correctas.
c) Mantener la cadena del frío en los alimentos congelados.
d) Todas las respuestas son correctas.

13. ¿Establece la normativa vigente algún requisito higiénico para los equipos de cocina?

a) No, no hay requisitos específicos sobre higiene.
b) Obliga a que lleven dispositivos de control en todo caso.
c) Cuando estén en contacto con los alimentos deberán limpiarse y desinfectarse con frecuencia.
d) Diariamente deberán desmontarse para su limpieza.

14. ¿Qué dice el Reglamento 852/2004 sobre los contenedores de desperdicios de productos alimenticios?

a) Estarán provistos de cierre y se mantendrán limpios.
b) Tendrán una capacidad de 10 metros cúbicos.
c) Serán de color negro.
d) Todas las respuestas son correctas.

15. ¿Se puede utilizar agua corriente para el vapor que entra en contacto con los alimentos?

a) Sí, siempre que no contenga ninguna sustancia que entrañe peligro para la salud o pueda contaminar el producto.
b) No nunca.
c) Sólo si el agua es no potable.
d) El Reglamento 852/2004 no habla de este aspecto.

16. Los establecimientos de comercio al por menor podrán usar huevo crudo para elaborar alimentos que se sometan a un tratamiento térmico donde se alcance una temperatura igual o superior a

a) 63 °C.
b) 70 °C.
c) 45 °C.
d) 100 °C.

17. ¿Qué afirmación es correcta sobre los envases de productos alimenticios?

a) Serán siempre no reutilizables.
b) Serán reutilizables y de material permeable.
c) Se almacenarán de manera que se garantice su integridad.
d) Todas las respuestas son correctas.

18. Un alimento precocinado se saca del congelador, pero pasadas unas horas en refrigeración, todavía no está completamente descongelado. ¿Se pude volver a congelar?

a) Si, porque no se ha descongelado completamente.
b) Solo si le damos un calentamiento en el microondas antes.
c) No, una vez descongelado un alimento, no se puede volver a congelar.
d) En este caso se puede porque es un precocinado. Si fuera un producto fresco no podría recongelarse.

19. Tras la elaboración de un consomé se deja a temperatura ambiente para que se enfríe antes de meterlo a la cámara. ¿Cuántas horas podrá estar en esas condiciones?

a) 24 horas.
b) 48 horas.
c) Toda la noche.
d) No es correcto dejar que una elaboración se enfríe a temperatura ambiente.

20. ¿A qué temperatura deben estar conservados los alimentos tras su recepción?

a) A menos de 0 ºC si son refrigerados.
b) A más de -18 ºC si son congelados.

c) Entre 15 y 18 ºC si son no perecederos.
d) Todas las respuestas son correctas.

21. Tras la elaboración, los alimentos que se van a servir inmediatamente, ¿a qué temperatura deben mantenerse para el emplatado, y cómo se hará?

a) Se mantendrá a temperatura superior o igual a 63 °C, con ayuda de mesas caliente.
b) Se mantendrá a temperatura superior o igual a 75 ºC, con ayuda de baños María.
c) Se mantendrá a temperatura por encima de 10 ºC, con ayuda de un abatidor.
d) Se mantendrá a temperatura superior o igual a 65 ºC, con ayuda de un horno.

22. Si las elaboraciones se van a conservar por frío, ¿qué sistema se utilizará para que baje la temperatura?

a) Un horno a baja temperatura.
b) Un abatidor.
c) Un carro de regeneración.
d) Una salamandra.

23. ¿Una comida preparada, a qué temperatura se debe conservar y durante cuánto tiempo como máximo?

a) 4 ºC si su vida útil es inferior a 24 h.
b) 4 ºC si su vida útil es superior a 24 h.
c) 8 ºC si su vida útil es inferior a 24 h.
d) Las respuestas b) y c) son correctas.

24. ¿Cuánto tiempo puede pasar como máximo desde que la comida se saca de la cámara hasta su regeneración o puesta en temperatura?

a) 30 minutos.
b) 1 hora.
c) 2 horas.
d) 24 horas.

25. ¿Qué requisito establece el RD 1021/2022 para el consumo de huevo en colectividades?

a) Los establecimientos de comercio al por menor nunca podrán usar huevo crudo para elaborar alimentos.
b) Para elaborar productos que se van a consumir tras un intenso tratamiento térmico, se deberá sustituir el huevo crudo por ovoproductos procedentes de establecimientos autorizados.
c) Se podrá usar huevo crudo si se somete a un tratamiento térmico donde se alcance una temperatura igual o superior a 70 °C durante dos segundos en el centro del producto.
d) Todas las respuestas son correctas.

26. ¿Cuáles son las condiciones de congelación a las que se someterá un pescado que se va a consumir crudo?

a) -20 ºC durante un mínimo de 24 horas.
b) -35 ºC durante un mínimo de 15 horas.
c) Ambas respuestas son correctas.
d) Ambas respuestas son falsas.

27. ¿A qué temperatura debe refrigerarse la carne picada?

a) Igual o inferior a 2 °C.
b) Igual o inferior a 3 °C.
c) Igual o inferior a 4 °C.
d) Igual o inferior a -18 °C.

Solución al test n.º 14

1. a) Los productos de producción primaria, incluidos los de la tierra, ganadería, caza y pesca.

2. d) Todas las respuestas son correctas.

3. b) Se evitarán las corrientes de aire desde zonas contaminadas a zonas limpias.

4. c) Serán de materiales lisos, lavables, resistentes a la corrosión y no tóxicos.

5. b) Si, siempre que exista una separación efectiva de los productos para evitar contaminación.

6. c) Cuando un operador de empresa alimentaria prevea razonablemente que una materia prima pueda estar contaminada, la someterá a cocción prolongada para eliminar los microorganismos.

7. d) Todas las respuestas son correctas.

8. a) La supervisión, instrucción y formación de los manipuladores de alimentos en cuestiones de higiene alimentaria.

9. a) Deberá cooperar y notificar todos los establecimientos que estén bajo su control con el fin de proceder a su registro.

10. d) La Ley 17/2011, de 5 de julio, de seguridad alimentaria y nutrición.

11. b) Reglamento (CE) nº 852/2004 del Parlamento Europeo y del Consejo, de 29 de abril.

12. d) Todas las respuestas son correctas.

13. c) Cuando estén en contacto con los alimentos deberán limpiarse y desinfectarse con frecuencia.

14. a) Estarán provistos de cierre y se mantendrán limpios.

15. a) Sí, siempre que no contenga ninguna sustancia que entrañe peligro para la salud o pueda contaminar el producto.

16. b) 70 °C.

17. c) Se almacenarán de manera que se garantice su integridad.

18. d) En este caso se puede porque es un precocinado. Si fuera un producto fresco no podría recongelarse.

19. d) No es correcto dejar que una elaboración se enfríe a temperatura ambiente.

20. c) Entre 15 y 18 ºC si son no perecederos.

21. a) Se mantendrá a temperatura superior o igual a 63 °C, con ayuda de mesas caliente.

22. b) Un abatidor.

23. d) Las respuestas b) y c) son correctas.

24. b) 1 hora.

25. c) Se podrá usar huevo crudo si se somete a un tratamiento térmico donde se alcance una temperatura igual o superior a 70 °C durante dos segundos en el centro del producto.

26. c) Ambas respuestas son correctas.

27. a) Igual o inferior a 2 °C.

TEST N.º 15

Conceptos básicos del programa de gestión CENPOS relacionados con la cocina

1. ¿Qué es CENPOS?

a) Plataforma tecnológica desarrollada por la Xunta de Galicia para gestionar el personal.
b) Plataforma tecnológica desarrollada por la Xunta de Galicia para la gestión integral de centros residenciales destinados a personas mayores y con discapacidad.
c) Programa informático para facilitar la elaboración de las dietas en las residencias de la Xunta de Galicia.
d) Equipo de personas especializadas en los cuidados de mayores dependientes.

2. Una vez iniciada sesión en CENPOS, ¿puede mantenerse abierta indefinidamente?

a) Si.
b) Si, siempre que la utilice el mismo usuario.
c) No, se cerrará automáticamente pasado un tiempo.
d) No, se cerrará solamente cuando quiera iniciar sesión un nuevo usuario.

3. Dentro del menú de CENPOS, ¿dónde puede indicarse que la habitación de un residente ya se ha limpiado?

a) Ficha personal.
b) Mapa de camas.
c) Residente 360.
d) Última alerta.

4. ¿Dónde se registrará la temperatura del usuario en CENPOS?

a) En la ficha del residente.
b) En última alerta.
c) En constantes, dentro de Residente 360.
d) En última incidencia, dentro de Residente 360.

5. ¿En el apartado Residente 360, de qué color se indicará un cuidado pendiente del residente?

a) Rojo.
b) Amarillo.
c) Verde.
d) Azul.

6. ¿Qué filtro utilizaría para buscar a los usuarios/residentes de un centro concreto de la Xunta de Galicia, ubicado en una localidad concreta?

a) Entidad.
b) Centro.
c) Residente.
d) Ubicación.

7. ¿Qué filtro utilizaría en CENPOS para localizar los usuarios/residentes de un centro, con atención diurna temporal?

a) Centro.
b) Tipo de servicio.
c) Tipo de estancia.
d) Todos los anteriores.

8. En la ficha del usuario/residente en CENPOS, ¿se puede indicar que el residente no quiere que el centro contacte con familiares?

a) Si.
b) Si, pero solo si el familiar está de acuerdo.
c) No, porque es obligatorio tener los datos de contacto de los familiares.
d) Solo en caso de que el usuario esté de forma permanente en el Centro.

9. ¿Qué ocurre si en CENPOS se asigna una cama ocupada por un residente que se ha desplazado temporalmente, a un nuevo residente?

a) El residente ocupante debe marcharse.
b) El residente nuevo se queda sin plaza.
c) Ambos residentes compartirán habitación.
d) El sistema no permite esta acción.

10. ¿Qué datos se registrarán en CENPOS sobre los contactos de los usuarios/residentes?

a) Nombre, apellidos y teléfono.
b) Orden de preferencia del contacto.

c) Relación con el usuario/residente.
d) Todas las respuestas son correctas.

11. ¿Puede cualquier persona visitar a un usuario/residente en los Centros de la Xunta de Galicia?

a) No, solo las visitas no permitidas.
b) Si, siempre que el usuario tenga "visitas permitidas".
c) Si, siempre que esté en la lista de visitas en caso de usuarios con "visitas no permitidas".
d) Las respuestas b y c son correctas.

12. ¿Qué indica la pantalla de pertenencias en CENPOS?

a) Las pertenencias que el usuario/residente tiene en el centro en el momento y los partes de entrada y salida de objetos durante su estancia.
b) Las asociaciones a las que el usuario/residente pertenece o está afiliado.
c) Los objetos con los que el usuario/residente ingresó en el centro.
d) Por motivos de privacidad no se pueden registrar los objetos y otras pertenencias del usuario/residente.

13. ¿Qué es Sigad?

a) Sistema Integrado de Atención a la Dependencia.
b) Sistema integral de Ayuda a la Dependencia.
c) Sistema para la Autonomía y Atención a la Dependencia.
d) Soporte informático de Atención a la Dependencia.

14. ¿Cómo se muestran en CENPOS los cuidados cronológicos?

a) En una lista que mostrará los registros diarios, con la hora de realización.
b) En una lista donde aparezcan las constantes tomadas al usuario y su medida.
c) En una lista donde aparecen los tratamientos realizados de modo cronológico, en el rango de tiempo seleccionado.
d) Todas las respuestas son correctas.

15. ¿Cómo se puede controlar con CENPOS los cambios posturales de un usuario?

a) En cuidados planificados se anotará la necesidad de cambio postural. La decisión del momento en que se realizan esos cambios depende de la organización del trabajo.
b) En cuidados planificados se irán introduciendo las distintas posturas que debe adoptar el residente para cada hora indicada.
c) En la ficha del usuario/residente se incluirán fotos con las diferentes posturas recomendadas.
d) Ninguna respuesta es correcta.

16. En caso de aparición de úlceras en el usuario/residente, ¿se reflejará esta información en CENPOS?

a) No, solo será necesario informar al médico y tratarlas.
b) Si, igual que se registran otras informaciones sobre la salud y los cuidados del usuario.
c) Depende de si el usuario da su consentimiento para que se registre esta información.
d) Es decisión del facultativo si se hace o no.

17. ¿Qué ventaja presenta CENPOS para el servicio de cocina?

a) Acceso en remoto y en tiempo real.
b) Personalización de la alimentación de los residentes.
c) Gestión de las dietas disponibles para los residentes en cada centro.
d) Todas las respuestas son correctas.

18. ¿Qué funcionalidades tiene CENPOS para cocina y comedor?

a) Consulta de menús planificados para cada día, sin posibilidad de modificación.
b) Asignación de dietas a cada residente, teniendo en cuenta alergias e intolerancias, pero no preferencias alimentaras.
c) Realización de cambios en los menús o dietas y actualización de la información.
d) Todas las respuestas son correctas.

19. ¿Cómo ayuda CENPOS en la organización de los turnos de comedor?

a) Esta es una tarea más "manual", en la que no se utiliza CENPOS.
b) Cada usuario elige la mesa que quiere, por lo que no hay una organización previa.
c) CENPOS ofrece un mapa interactivo con las mesas, que permite asignar turnos y sitios, lo que facilita la atención personalizada.
d) CENPOS no es un sistema utilizado en comedor.

20. ¿Quién tiene acceso a CENPOS?

a) Los usuarios/residentes.
b) La dirección del centro.
c) El personal del centro.
d) Cualquier persona que lo solicite.

Solución al test n.º 15

1. b) Plataforma tecnológica desarrollada por la Xunta de Galicia para la gestión integral de centros residenciales destinados a personas mayores y con discapacidad.

2. c) No, se cerrará automáticamente pasado un tiempo.

3. b) Mapa de camas.

4. c) En constantes, dentro de Residente 360.

5. a) Rojo.

6. b) Centro.

7. d) Todos los anteriores.

8. a) Si.

9. b) El residente nuevo se queda sin plaza.

10. d) Todas las respuestas son correctas.

11. d) Las respuestas b y c son correctas.

12. a) Las pertenencias que el usuario/residente tiene en el centro en el momento y los partes de entrada y salida de objetos durante su estancia.

13. a) Sistema Integrado de Atención a la Dependencia.

14. d) Todas las respuestas son correctas.

15. b) En cuidados planificados se irán introduciendo las distintas posturas que debe adoptar el residente para cada hora indicada.

16. b) Si, igual que se registran otras informaciones sobre la salud y los cuidados del usuario.

17. d) Todas las respuestas son correctas.

18. c) Realización de cambios en los menús o dietas y actualización de la información.

19. c) CENPOS ofrece un mapa interactivo con las mesas, que permite asignar turnos y sitios, lo que facilita la atención personalizada.

20. c) El personal del centro.

Cómo acceder al Curso

Auxiliar de cocina de la Administración General
Test del temario

El uso de los códigos **es exclusivo de los compradores de los productos de Editorial MAD**. Cada producto posee un código único y de un solo uso. Es personal e intransferible y da acceso a servicios y contenidos adicionales. Editorial MAD se reserva el derecho de hacer cuantas comprobaciones sean necesarias para identificar al legítimo poseedor del código y dejar de dar servicio a quien haga uso fraudulento del mismo, además de emprender cuantas acciones legales estime oportunas según la legislación vigente.

Deberás acceder a:

mad.es/registro-campus

Si una vez aceptadas las condiciones de uso del Campus decides hacer uso del mismo, necesitarás del siguiente código de acceso junto con los códigos del resto de títulos que se exigen (si fuera el caso):

AC5IDYGLT9